絹の糸とかぎ針で編む
四季の草花アクセサリー

アンデルヨン

CONTENTS

編み図や組み立て方が簡単か複雑かを基準に4つの★で難易度を示しています。

枝垂れ梅の耳飾り

春の訪れを感じさせてくれる梅の花は花弁を重ねてふんわりと淡いピンクの耳飾りに。

つぼみも可愛らしく編み上げます。

動くと花が軽やかに揺れて、春のおでかけが楽しくなりそう。

作り方 | 067ページ

ミモザの耳飾り

落ち着いた色合いで編んだミモザはナチュラルな春の装いにもよく馴染みます。
葉は細かく編んでふんわりとした風合いに。
丸い花は小さめに編んでたくさんかさねることで、優雅にゆらゆら。

作り方 | 060 ページ

忘れな草のブローチ

優しい色使いで
花はもちろん小さなつぼみまで丁寧に再現して。
可憐なその雰囲気は、
付けるだけで優しい気持ちにさせてくれます。

作り方 | 070ページ

月見草のネックレス

春の夜風にゆれる月見草をモチーフに、
三日月型のネックレスに。
ピンクの花が月見草、黄色の花が待宵草。
どちらも夕暮れから咲き始めます。
どこか神秘的な雰囲気を淡く優しい色合いで表現。

作り方 | 054ページ

シロツメクサの
耳飾り

野原で素朴に咲くシロツメクサは
花びらを一枚一枚丁寧に編む事で
ふんわりとした仕上がりに。
優しい白色はクローバーの緑色にも
よく映えます。

作り方 | 082ページ

春のリースブローチ

春のリースブローチは、耳飾りとお揃いの
ナチュラルカラーで仕上げて。
シロツメクサにカタバミ、忘れな草、クローバー。
素朴な草花の姿に愛おしさを感じる、
春の野原のようなブローチです。

作り方 | 080ページ

紫陽花のバレッタ

雨の季節にしっとりと濡れる紫陽花は、
淡い色合いをたっぷり使って涼し気な雰囲気に。
シンプルな編み図で作れるので初めての方にもおススメです。
梅雨のヘアアレンジも楽しくなりそう。

作り方 | 043 ページ

ランタナの耳飾り

夏の日差しの中で元気いっぱいに咲く姿を耳飾りに。
小さな花をたくさん編んで、
グラデーションになるように並べて作ります。
お顔周りが華やぐ色とところんと丸い形が印象的。

作り方 | 050 ページ

ヒメジョオンのブローチ

繊細な花びらが印象的なヒメジョオンは、
夏の装いに爽やかさをプラスしてくれるブローチに。
細い花びらは、一つ一つ丁寧に編む事で
本物のようにふんわりと仕上がります。
白系の絹糸を複数使って清楚で涼やかな雰囲気に。

作り方 | 073 ページ

ヒマワリのポニーフック

夏にぴったりのヒマワリは、細部まで丁寧に編んで生き生きとした雰囲気に。
アップスタイルが多くなるこの時期は、活躍シーンもたくさんありそう。
明るく元気な色合いは、ワンポイントとして付けるだけで気分を上げてくれます。

作り方 | 044ページ

ジニアの耳飾り

夏の輝くような光の中で
色鮮やかに咲くジニアは、
細部までこだわって立体的に
美しく仕上げます。
花色が豊富ですので、
お好きな色で
アレンジするのも素敵です。

作り方 | 086 ページ

夏のリースブローチ

カラフルなジニアは、
グリーンカラーで編んだ紫陽花と
一緒に合わせる事で上品な雰囲気に。
ボリュームのある花をたっぷりあしらう事で、
夏の装いが一層華やぎます。

作り方 | 084 ページ

クランベリーの耳飾り

赤色が実りの秋を感じさせてくれるクランベリーは、
ツルが垂れ下がる様子を生かして耳飾りに。
実も葉も自由に動くので、
揺れる度に様々な表情を見せてくれます。
濃いめの色で大人っぽく。

作り方 | 062 ページ

ムラサキシキブのブローチ

実や葉の色づきから秋の訪れを感じるブローチは、
落ち着いた色合いが秋のファッションによく溶け込みます。
実も葉もシンプルな編み図で作れるので、初めての方でも挑戦しやすい作品です。

作り方 | 076 ページ

キンモクセイの耳飾り

甘い香りが秋の深まりを感じさせてくれるキンモクセイ。
ガクをつけることで花の立体感もリアルに再現して。
オレンジ色の可愛らしい花は小さく編んでたくさん連ねることで、本物のような雰囲気に仕上がります。

作り方 | 064ページ

コスモスの耳飾り

秋風に揺れる姿が
印象的なコスモスは
小さな耳飾りに。
細かい部分も
大切に表現することで、
一層可憐で可愛らしい
雰囲気に仕上がります。

作り方 | 090 ページ

秋のリースブローチ

秋のリースブローチは、しっとりとした秋の空気に映える美しさです。
コスモスやムラサキシキブ、キンモクセイなどを
たっぷりあしらって秋らしさいっぱいに。
深い色合いの絹糸をたっぷり使うことで、大人の風情漂う仕上がりに。

作り方 | 088 ページ

パンジーのネックレス

冬の花壇を華やかに彩ってくれるパンジーはネックレスにして、
冬の装いのアクセントに。色を変えながら編む事で本物のような色合いを再現。
色の組み合わせが楽しい作品ですので、お気に入りの色で挑戦するのもおススメです。

作り方 | 056ページ

スイートアリッサムの耳飾り

小さな花がたくさん咲く姿を耳飾りにしました。
ハート型にすることでさらに愛らしさアップ。
ピンク系のやさしい色合いが寒い季節の耳元を
あたたかく彩ってくれます。

作り方 | 052ページ

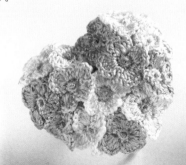

椿のポニーフック

寒さの中でも凛と咲く姿が美しい椿は、こっくりとした色味で落ち着いた印象に。

花びらと共に花芯も丁寧に編むとこで、椿の立体感が再現できます。

差し色の赤が冬のヘアアレンジに大人っぽさを加えてくれます。

作り方 | 048 ページ

キンカンのブローチ

ころんとした実が可愛らしいキンカンは、小さな花も一緒に編んでより愛らしく。
暗い葉の色に明るい実と花の色がよく映えます。

作り方 | 078 ページ

クリスマスローズの耳飾り

冬の女王と呼ばれるクリスマスローズは、
濃い紫色で気品あふれる雰囲気に。
小さな耳飾りですが、
花やつぼみの細かい部分にまで
こだわり立体的に仕上げるとこで
存在感が増します。

作り方 | 094 ページ

冬のリースブローチ

冬のリースブローチは、大ぶりのクリスマスローズの合間に
小さなスイートアリッサムを合わせることで可愛らしさもプラスして。
ふんわり柔らかい風合いとシックで上品な色合いは、
冬のコーディネートを楽しくしてくれます。

作り方 | 092 ページ

必要な材料・道具

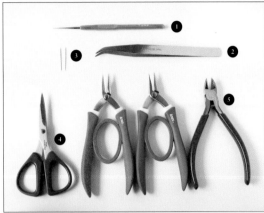

①　レース針

この本では、Tulip（No.25 0.35mm）を使用。

②　ピンセット

編んだ花の形を整える時や、細かいパーツを貼り付ける時などに使用。

③　縫い針

編んだパーツを縫い付ける時や糸処理の時などに使用。

④　ハサミ

糸や布を切る時に使用。

⑤　ニッパー、ヤットコ

ニッパーはワイヤーを切る時に、平ヤットコはパーツをつける時に、
丸ヤットコはＴピンを丸める時に使用。

絹手縫糸

絹手縫糸（絹100％、9号 40m）
この本では3つのメーカーの絹糸を使用

①　オリヅル（カナガワ株式会社）

②　タイヤー（（株）フジックス）

③　都羽根（大黒絲業株式会社）

※1つのメーカーだけでも十分な色揃えがあります。
　まずは、手に入りやすいメーカーの絹糸から
　お気に入りの色を見つけていくのがおススメです。

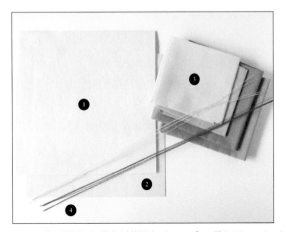

①　フェルト

作品の土台に使用。

②　接着芯 ― 不織布ハードタイプ

作品の土台に使用。できるだけ厚く硬いものがおススメです。

③　綿布

作品の土台に使用。作品に合わせて色はお好みで。

④　アートフラワー用の地巻ワイヤー ♯28

緑、白。
本書では主に緑を使用。明るい色の糸を巻くときは白もあると便利。

※レース針や絹糸などの道具や材料はネットショップでの購入もおススメです。

① 木工用ボンド
ワイヤーに糸を巻き付ける時や、編んだパーツを土台に貼り付ける時に使用。

② 両面テープ（幅10mm）
ブローチピンに糸を巻き付ける時に使用。

③ 接着剤
丸皿のイヤリングやピアスを貼り付ける時に使用。
布と金属を接着できるものを選ぶ。

④ 接着剤
編んだパーツを貼り付ける時の仮止めに使用。
細いノズル付きのものが便利。

⑤ つまようじ
ボンドや接着剤を塗る時に使用。

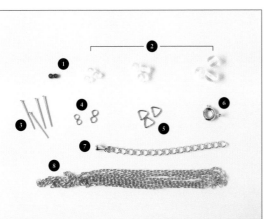

① シードビーズ
編みくるむ時の芯に使用。

② ラウンドビーズ
この本では、
3mm、4mm、5mmを使用。

③ Tピン
この本では長さ14mm
（太さ0.5mm）を使用。

④ 丸カン
この本では2.5mmと
3mm（太さ0.4mm）を使用。

⑤ 三角カン
この本では5mm
（太さ0.6mm）を使用。

⑥ 引輪
ネックレス作品で使用。

⑦ アジャスター
ネックレス作品で使用。

⑧ チェーン
この本では幅1mmの
ものを使用。

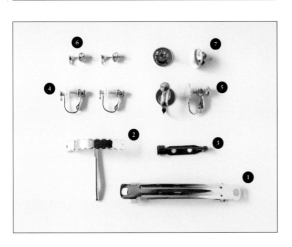

① バレッタ金具
この本では60×7mmの
ものを使用。

② ポニーフック金具
この本では5×30mmの
ものを使用。

③ ブローチピン
この本では25mmの
ものを使用。

④ イヤリング金具（カン付きタイプ）
丸カンを使って作品を取り付ける。

⑤ イヤリング金具（丸皿タイプ）
この本では丸皿10mmを使用。
作品の土台に接着剤で貼り付ける。

⑥ ピアス金具（カン付きタイプ）
丸カンを使って作品を取りつける。

⑦ ピアス金具（丸皿タイプ）
この本では丸皿10mmを使用。
作品の土台に接着剤で貼り付ける。

かぎ針編みの基礎

鎖編み

1.
最初の目を作り、「針の先に糸をかける」。

2.
かけた糸の引き出して鎖目を完成させる。

3.
同じように①の「　」内と②を繰り返し編み進める。

4.
鎖編み5目の完成。

引き抜き編み

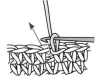

1.
段の目に針を入れる。

2.
針先に糸をかける。

3.
糸を一度に引き抜く。

4.
引き抜き編み1目の完成。

細編み

1.
前段の目に針を入れる。

2.
針先に糸をかけてループを手前に引き出す。

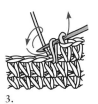

3.
針先に糸をかけ、2ループを一度に引き抜く。

4.
細編み1目の完成。

細編み
（平編みのとき）

1.
必要な目数の鎖と立ち上がり分の鎖を編み、端から2目めの鎖に針を入れ、糸をかけて引き出す。

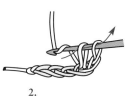

2.
針先に糸をかけ、矢印のように糸を引き抜く。

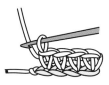

3.
1段めが編めたところ
（立ち上がりの鎖1目は1目と数えない）。

中長編み

1.
針先に糸をかけてから前段の目に針を入れる。

2.
さらに針先に糸をかけ、手前に引き出す。

3.
もう一度針先に糸をかけ、3ループを一度に引き抜く。

4.
中長編み1目の完成。

長編み

1.
針先に糸をかけてから前段の目に針を入れ、さらに糸をかけて手前に引き出す。

2.
矢印のように針先に糸をかけ、2ループを引き抜く。

3.
もう一度針先に糸をかけ、残りの2ループを引き抜く。

4.
長編み1目の完成。

長々編み

三つ巻き長編み

※（ ）の数字は
三つ巻き長編みの場合。

1.
針先に糸を2回（3回）かけてから前段の目に針を入れて、さらに糸をかけて手前に引き出す。

2.
矢印のように針先に糸をかけ、2ループを引き抜く。

3.
同じ動作のあと2回（3回）繰り返す。

4.
長々編み1目の完成。

鎖1目ピコット

1.
鎖目を1目編んだら、すぐ下の足の左端の糸に針を入れる。

2.
針先に糸をかけて引き抜く。

3.
鎖1目ピコットの完成。

細編み2目編み入れる

1.
細編み1目を編む。

2.
同じ目に針を入れてループを引き出し、細編みを編む。

3.
細編みを2目編みいれたところ。

長編み2目編み入れる

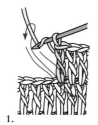   

1.
長編みを1目編む。編み先に糸をかけて同じ目に針を入れ、糸をかけて引き出す。

2.
針先に糸をかけ、2ループを引き抜く。

3.
もう一度針先に糸をかけ、残りの2ループを引き抜く。

4.
長編みを2目編み入れたところ。前段より1増える。

記号例

長編み3目編み入れる

長々編み4目編み入れる

三つ巻き長編み5目編み入れる

※目数が2目以上や長編み以外の場合も、同じ要領で前段の1目に指定の記号を指定の目数編み入れる。

細編み2目一度

1.
前段の目に矢印のように針を入れ、ループを引き出す。

2.
次の目からも同じようにループを引き出す。

3.
針先に糸をかけて、矢印のように3ループを一度に引き抜く。

4.
細編み2目一度の完成。前段より1減る。

束に拾う

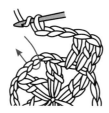

前段の鎖目から目を拾う時に矢印のように針を入れて鎖をそっくり拾うことを「束に拾う」と言う。前段が鎖目の場合は基本的に束に拾う。

基本の編み方

糸のかけかた			

1.
左手の小指と薬指の間から糸を手前に出し、人差し指にかけて糸端を手前に出す。

2.
親指と中指で糸端を持ち、人差し指を立てて糸をピンと張る。

3.
糸が滑る場合は、左手の小指に糸を一周巻き付ける。

段の頭目			

1.
編み目の上にある鎖のような部分を頭目と呼ぶ。指定がない場合は2本すくう。

2.
頭目の向こう側の1本（半目）を拾う場合。

3.
頭目の手前の1本（半目）を拾う場合。

編み目の上にある鎖のような部分を「頭目」とよびます。

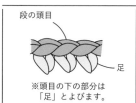

段の頭目

足

※頭目の下の部分は「足」とよびます。

頭目の2本を拾う（特に指定がない場合はすべてこの方法で編む）。

頭目の向こう側の1本（半目）を拾う。

向こう側の1本

頭目の手前の1本（半目）を拾う。

手前の1本

わの作り目				

1.
左手の人差し指に糸を2回巻き付ける。

2.
巻きつけた糸の下に針を入れる。

3.
糸をかけて引き出す。

4.
もう一度糸をかける。

「紫陽花（花）」の
編み図で解説⇒P27

5.
糸を引き抜く。

6.
左手人差し指から糸をはずす。

7.
針に糸をかける。

8.
糸を引き抜く。これが立ち上がりの鎖1目となる。

9.
わの中に針を入れて糸をかける。

10.
かけた糸を引き出し、もう一度針に糸をかける。

11.
糸を引き抜く（細編み1目完成）
⇒P22「細編み」参照。

12.
9～11を繰り返して必要な目数を編む（紫陽花で解説しているため8目編んでいる）。

13.
最初に編んだ細編みの頭目に針を入れる。

14.
糸端を引き、わの糸のどちらの糸が動くか確認する。

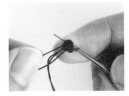

15.
動いた方の糸を引いてわを引き締める。

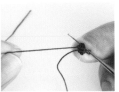

16.
糸端を引いて、わの残りの糸を引き締める。

17.
針に糸をかける。

18.
糸を引き抜く。

27ページ
「花びらを編む」につづく。

わの作り目

（中心から円形に編む場合）

1
左手の人差し指に糸を2回巻き付け、わを作る。

2
わの中に針を入れて矢印のように糸をかけ、手前に引き出す。

引き出した目

3
さらに針先に糸をかけて引き出し、立ち上がりの鎖1目を編む。

4
1段目はわの中に針を入れて、必要な目数の細編みを編む。

5
一旦針をはずして最初のわの糸（1）と糸端を引いてわを引き締める（2）。

6
1段目の終わりは最初の細編みの頭目に針を入れ、糸をかけて引き抜く。

花びらを編む

「紫陽花（花）」の
編み図で解説

1.
立ち上がりの鎖目を3目編む。

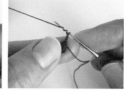

2.
針に2回糸をかける。

3.
前段の頭目に針を入れる。

4.
長々編みを編む。
⇒P23「長々編み」参照

5.
先ほどと同じ頭目に針を入れ
て、さらに長々編みを2目編む。

6.
針に3回糸をかける。

7.
先ほどと同じ頭目に針を入れ
る。

8.
三つ巻き長編みを編む。
⇒P23「三つ巻き長編み」参照。

9.
先ほどと同じ頭目に針を入れ
て、三つ巻き長編みをさらに1
目、長々編みを3目編む。

10.
鎖目を3目編む。

11.
先ほどと同じ頭目に針を入れて
引き抜き編みをする（花びら1
枚目が完成）
⇒P22「引き抜き編み」参照。

12.
次の頭目に針を入れて引き抜き
編みをする。

13.
さらに次の目に針を入れて1〜
11を繰り返して2枚目の花び
らを編む。

14.
同様に残り2枚の花びらを編
み、前段最後の頭目に針を入れ
て引き抜き編みをする。編み図
によっては、前段最初の頭目に
針を入れて引き抜き編みをする
場合もある。

15.
針に糸をかけてもう一度引き抜
く。

16.
4〜5cmの所で糸を切り、糸を
引いて引き締める。

紫陽花（花）

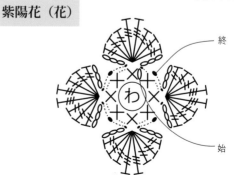

終

始

わの作り目に細編みを8目編み入れる。

ボール状に編む

「ミモザ」の
編み図で解説

1.
わに6目編み入れる。

2.
2段目は増やし目をしながら編む（前段から6目増やし全部で12目）。⇒P23「細編み2目編み入れる」参照。

3.
前段最初の細編みの頭目に針を入れて、糸をかけて引き抜く。編み図通り3段目、4段目を編む。

4.
4段目まで編んだら、5段目はまず立ち上がりの鎖1目を編み、前段の目に針を入れて糸をかけ引き出す。

5.
次の目に針を入れて糸をかけて引き出す。

6.
針に糸をかけて3本の糸を一度に引き抜く（細編み2目一度完成）⇒P24「細編み2目一度」参照。

7.
チェーンに吊るすタイプの作品の場合は、ここでビーズにTピンを通したものを用意する。

8.
ワイヤーを使用するタイプの作品の場合は、ビーズにワイヤーを通したものを用意する。

9.
ビーズをいれて編み図通り編み進める。

10.
最後は5〜6cm糸を残して切る。

11.
チェーンに吊るすタイプの作品の場合は、モチーフの横から針を入れてTピンの横に針を出す。

12.
編み終わりの糸端を針にかけて引き抜く。糸を引っ張り短くカットする。ワイヤーを使用するタイプの作品の場合は編み終わりの糸端は、少量のボンドを付けてからワイヤーに巻き付けて処理する。⇒P36「ワイヤーを使ったつぼみの組立」参照。

ミモザ

3mmラウンドビーズを編みくるむ。

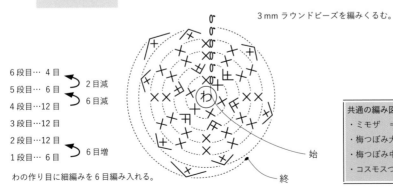

6段目… 4目 ┐ 2目減
5段目… 6目 ┘
　　　　　　 ┐ 6目減
4段目…12目 ┘
3段目…12目
2段目…12目
1段目… 6目 ┐ 6目増

わの作り目に細編みを6目編み入れる。

始
終

共通の編み図
・ミモザ ⇒ P61
・梅つぼみ大（花芯）⇒ P69
・梅つぼみ中（花芯）⇒ P69
・コスモスつぼみ（芯）⇒ P91

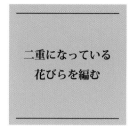

二重になっている
花びらを編む

「ヒマワリ大（花）」の
編み図で解説

6段目
手前側の
花びらを編む

1.
5段目を編み終えたら、5段目最初の頭目に針を入れて糸をかけ引き抜き、立ち上がりの鎖4目を編む（5段目は解説のため赤い糸で表現）。

頭目の手前の
半目を拾う

2.
針に糸を3回巻いて、頭目の手前の1本（半目）に針を入れる（この段はすべてこの半目を拾う）。⇒P25「段の頭目」参照。

3.
三つ巻き長編みを2目編む。

4.
鎖編みを1目編み、すぐ下の足の左端の糸に針を入れる。

5.
針に糸をかけて引き抜く（鎖1目ピコット完成）。以降、編み図通り花びらを8枚編み、引き抜き編みを2目して6段目が完成。
⇒P23「鎖1目ピコット」参照。

7段目
向こう側の
花びらを編む

頭目の向こう側の
半目を拾う

6.
7段目は頭目の向こう側の半目を拾っていく。6段目で花びらの1目目を最初に編み入れた頭目と対になっている、頭目の向こう側の1本（半目）に針を入れる（この段はすべてこの半目を拾う）。

7.
立ち上がりの鎖1目を編み細編みをする。次の半目を拾って再び細編みをする。次の目から6段目と同様に花びらを編む。6段目の花びらを手前に倒しながら編むと編みやすい。

8.
花びらを全て編み終わったら、残りの2目に引き抜き編みをする。この2目は、7段目最初の細編みの頭目（通常通りの頭目を2本拾う）に針を入れる。

ヒマワリ大（花）

7段目………前段（5段目）の向こう側の
　　　　　　半目を拾って花びらを8枚編む。

6段目………前段（5段目）の手前側の
　　　　　　半目を拾って花びらを8枚編む。

5段目…32目
4段目…24目　8目増
3段目…16目　8目増
2段目…12目　4目増
1段目… 6目　6目増

わの作り目に細編みを6目編み入れる。

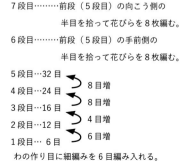

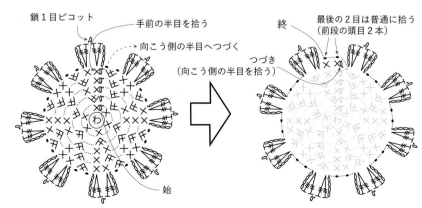

1.
わに2目鎖編み＋立ち上がりの鎖1目を編む。

2.
2目引き抜き編みをしたら、わに針を入れて糸をかける。

3.
糸を引き抜く（花芯1つ完成）。

4.
残り4つの花芯も編む。

5.
わの作り目の時と同様の方法で糸を引き、わを引き締める。

月見草（花芯）

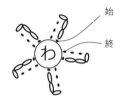

始
終
わ

共通の編み図
・月見草（花芯）　⇒ P55
・梅花（花芯）　　⇒ P68

鎖編みの作り目				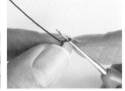

1.
針を糸の向こう側から針先を回転させる。

2.
針に糸が巻き付いた状態。

3.
針先に糸をかける。

4.
糸を手前に引き出す。糸端を引いて目を引き締め最初の目の完成（この目は1目とは数えない）。

5.
糸を針にかけて引き抜く（鎖編み1目完成）。

6.
これを繰り返して必要な目数を編む。

鎖の目の見方

鎖の目には表と裏がある。裏側の中央に1本出ているところを、鎖の「裏山」と言う。

表

裏

裏山

1.
鎖編みで12目編み、さらに立ち上がりの1目を編む。端から2目めの鎖に針を入れる（本書では、ワイヤーを使用しないタイプの葉は、鎖の半目と裏山を拾って編んでいる）。

2.
細編みを編む
⇒P22「細編み（平編みのとき）」参照。

3.
次の目以降の残り11目も、編み図通りに端まで編み進める。

4.
鎖編みを2目編む。

5.
反対側の目に針を入れる。

6.
編み初めの糸を針の上に渡す。

7.
細編みを編む（編み初めの糸を編みくるむ形となる）。

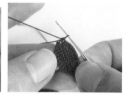

8.
次の目以降も、編み初めの糸を編みくるみながら、編み図通り端まで編む。（葉の1段目の部分が完成）

9.
鎖編みを1目編む。2の細編みの頭目に針を入れて細編みを2目編み入れる。次の目以降も編み図通りに端まで編み進める。

10.
4の鎖編みを束に拾う。
⇒P24「束に拾う」参照。

11.
細編み、鎖編み、細編みを編み入れる。

12.
以降、編み図通りに端まで編み、最後は9の鎖編みの目を拾って引き抜き編みをして糸を切る。

13.
水通し後自然乾燥させたら、葉の編み初めと編み終わりの糸端の先に少量のボンドを付けてから糸を短く切る（糸処理）。

椿葉

編み始めの糸端を編みくるむ。

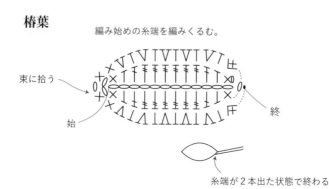

束に拾う
始
終

糸端が2本出た状態で終わる

色の変え方

1.
指定の段まで編んだら糸を引き抜きカットする。

2.
糸を変える部分の頭目に針を入れて新しい糸をかける。

3.
糸を引き抜く。

4.
もう一方の糸の上を通って左側へ渡す。

5.
針に糸をかけて引き出す（鎖1目）。

6.
編み図通り編んでいく（写真は細編みをしたところ）。

水通し

1.
編み上ったモチーフは、少し濡らして形を整えてからしばらく水の中につけておく。

2.
水からモチーフを取り出し、再び形を整えてからティッシュの上に置いて自然乾燥させる。

縫いつけるタイプの花芯のつけ方

「ヒマワリ」で解説

1.
花やガクは水通しをしておく。縫い付ける場合は花芯の編み終わりの糸を20cmほど残しておく。その糸端に針を通す。

2.
花芯を縫い付けていく。花びらを編み入れた編み目を目印に針を入れると綺麗に縫いやすい。

3.
3分の2ほど編んだら、花芯と同じ色糸を50～60cmカットして花芯の中に詰める。小さな花芯の場合は詰めなくて良い。

4.
縫い終わったら裏側から糸を出して短めにカットし、少量のボンドで糸端を接着する（糸処理）。

フレンチノットステッチをするタイプの花芯のつけ方

1.
針に糸（1本取り）を通し、わの中心から針を出す。

2.
針に糸を3回巻き付ける。

3.
わの中心に針を入れる。

4.
糸を引く。強く引きすぎると玉になった部分が抜けてしまうので注意。

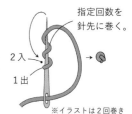

型紙⇒P98

フレンチノットステッチ

指定回数を
針先に巻く。

2入 →
1出

※イラストは2回巻き

本書のフレンチノットステッチ
は全て1本取り3回巻き。

5.
裏から見たところ（編み初めと
編み終わりの糸端と、フレンチ
ノットステッチの糸端が出てい
る状態）。

6.
裏側の中心部分にボンドを少量
つけて糸を接着する。

7.
ボンドが乾いたら短く切る。

8.
裏側の糸処理が終わったとこ
ろ。

土台を使った作品の作り方

「紫陽花・ヒマワリ・椿・ランタナ・スイートアリッサム・パンジー・月見草」

土台の作り方

「紫陽花のバレッタ」
で解説

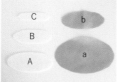   

1.
アイロンでハード接着芯を
フェルトに貼り付けておく。
フェルトと綿布を型紙に合わせ
て必要枚数カットする。

2.
フェルトパーツAの接着芯
側にボンドを薄く塗布し綿布
パーツaを貼り付ける。

3.
バレッタ金具を縫い付ける。

4.
フェルトパーツBのフェルト
側にボンドを薄く塗布し貼り付
ける。

5.
フェルトパーツCのフェルト
側にボンドを薄く塗布し貼り付
ける。

6.
綿布パーツaに切れ込みを入れ
る（フェルトギリギリまで切ら
ない方が綺麗に仕上がる）。

7.
切れ込みを入れ終わったとこ
ろ。

8.
綿布パーツaにボンドを薄く塗
布して内側に折りながら貼り付
けていく。

9.
綿布パーツbにボンドを薄く
塗布して貼り付ける（はみ出る
部分があればカットする）。

貼り付け方

1.
貼り付ける際は接着剤で仮止めしてから木工用ボンドで接着する。特にパーツが小さいものや数
が多いものは仮止めをした方が接着作業がしやすい。大きなパーツや数が少ない時は仮止めしな
くてもよい。仮止めに使用する接着剤は、細いノズルがあり短時間で接着できるものが向いてい
る（写真は本書で使用した接着剤）。

2.
モチーフの中心部分に接着剤を
少量付ける（花びらにはつけな
い）。

3.
好みの位置に付ける（仮止め）。

4.
仕上がりをイメージしながら付けていく。

5.
途中で全体のバランスを確認する。

6.
位置を修正したい場合は優しく剥がして付け直す。

7.
仮止めが全て終わったところ。

8.
つまようじの先にボンドをつけて木工用ボンドで接着。花が取れないようにしっかりと固定する。

9.
つまようじが入りにくい場所には、トレーシングペーパーを絞り袋のようにしたものを使って接着するとやりやすい。

10.
トレーシングペーパーを筒状に丸めセロテープで貼る。先端は小さな穴があいた状態にする。

11.
中にボンドを入れたら入口を折ってセロテープでとめて使用する。

作品を裏側から見たところ

12.
裏から見た時に、花びらが少しはみ出るように接着する。

チェーンを使った作品の作り方

「枝垂れ梅・ミモザ・クランベリー・キンモクセイ」

Tピンの使い方				

Tピンの使い方

1.
直角に曲げる。

2.
7mm程度残して切断する。

3.
ヤットコを回転させてピンの先を丸める。

4.
丸め終わったTピン。

丸カンの使い方

1.
ヤットコで丸カンのつなぎ目を上にして挟む。

2.
左手を手前へ、右手を向こう側へ回転させるようにしてつなぎ目を開く。

3.
開いたつなぎ目にパーツなどを通し、再び逆に回転させてつなぎ目を閉じる。

4.
イヤリング・ピアスパーツに予め丸カンでチェーンをつけておくと、その後の作業がしやすくなる。

034

ワイヤーを使った作品の作り方

花芯の作り方（ワイヤー芯）

1.
ワイヤーの端を折り曲げ、少量のボンドをつけてから糸を巻く（折り曲げた所を中心に7mm程度の幅で）。

2.
さらに折り曲げた部分に数回糸を巻く（ワイヤー芯小→7〜8回、ワイヤー芯中→12〜15回、ワイヤー芯大→20回程度）。

3.
ワイヤーを折り曲げる。糸端に少量のボンドをつけてから、糸を短く切る。

4.
左から、ワイヤー芯小、中、大。作品によって使いわける。

ワイヤーを使った花の組立

ガクがある場合を「コスモスの花」で解説

1.
花パーツのわにワイヤー芯を入れる（わがきつい場合は、かぎ針でわを少し広げる。やりすぎると糸が切れるので注意）。

2.
花パーツの編み初めの糸端を引いてわを引き締め、ワイヤー部分に少量のボンドをつける。

3.
花パーツの編み終わりの糸端とワイヤーを一緒に持つ。

4.
編み初めの糸端で、ワイヤーと編み終わりの糸端を一緒に巻いていく。

5.
2〜3mm程度巻いたところ。

6.
ワイヤーとワイヤーの間に糸を通してから糸を切る。糸端に少量のボンドをつけてほどけないようにしておく。

7.
花芯を縫い付ける。
⇒P32「縫いつけるタイプの花芯のつけ方」参照

8.
ガクはわの中心に針を入れて編み始めの糸を引き出しておく。ガクのわにパーツを通したら、ガクの裏側に少量のボンドを付け花パーツに貼り付ける。ガクの編み終わりの糸端はこの時にガクの裏側に一緒に貼り付けて表から見えないようにする。

9.
花びらと花びらの間にガクのとがった部分がくるように貼り付ける。ガクの編み始めの糸端は、ワイヤー部分に少量のボンドを付けながら茎に巻き付ける。各作品で巻き付ける長さ（茎部分の長さ）が違うため、完成時に必要な長さ分の糸を巻き付けておく。

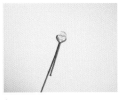

「コスモスのつぼみ」
で解説

1.
ビーズにワイヤーを通して芯を作る。

2.
ビーズを編みくるんだら、ワイヤーに少量のボンドを付けて編み終わりの糸を巻く。
⇒P28「ボール状に編む」参照

3.
ガクのわに先ほどのパーツを通したら、ガクの裏側に少量のボンドを付けてからつぼみパーツに貼り付ける。ガクがある場合「コスモスの花」8〜9と同じ要領。⇒P35参照

ワイヤーを使った
花の組立

表から見た状態　　　　裏から見た状態

ガクがない場合を
「クローバー」で解説

ガクがある場合「コスモスの花」
1〜6と同じ要領で組立てる。
⇒P35参照

ワイヤーを使った
葉の編み方
（葉の編み図1段の場合）

「ヒメジョオン葉」の
編み図で解説

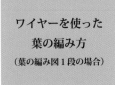

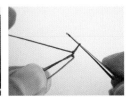

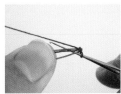

1.
鎖編みの作り目を作る。

2.
作り目のわっかにワイヤーを通す。

3.
糸を引き締め、ワイヤーと編み初めの糸をそろえて持つ。

4.
ワイヤーの下に針を入れる。

5.
糸をかけて引き抜く。

6.
再び糸をかけて引き抜く（細編みが1目完成）。

7.
同様にしてさらに11目編む（これが葉の編み図の作り目となる）。

8.
立ち上がりの鎖を1目編む。

9.
ワイヤーの折り曲げた側が左側になるように持ち変える。

10.
前段の向こう側の半目に針を入れて葉の片側を編んでいく。

11.
葉の片側が編み終わったところ。

12.
鎖編みを1目編み、反対側の半目（手前の半目）に針を入れる。

13.
ワイヤーの下から針を入れ糸をかける。

14.
糸を引き抜く。

15.
次の半目に針を入れて細編みを編む。以降、編み図通りに編んでいく。

16.
反対側も編み終わったところ。

17.
細編みの頭目に針を入れて糸を引き抜く。

18.
葉が編み終わったところ。

19.
ワイヤーにボンドを少量つける。

20.
編み始めの糸端を巻き付ける。

21.
再びボンドを少量付ける。

22.
編み終わりの糸端を巻き付ける。

23.
2本の糸端はワイヤーとワイヤーの間を通してから切る。糸端に少量ボンドをつけてほどけないようにしておく。

24.
裏から見たところ。糸はワイヤーが見えないように丁寧に巻く。

ヒメジョオン葉　ワイヤー18cmを半分に折り曲げる。

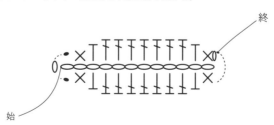

終

始

ワイヤーを使った葉の編み方
（葉の編み図2段の場合）

葉の編み図が2段の場合を
「キンカンの葉大」の編み図で
解説

1.
「ワイヤーを使った葉の編み方（葉の編み図が1段の場合）」の1～11までと同様に編んだあと、鎖編みを2目編んでから反対側を編み図通りに編む。

2.
反対側を編んだところ（葉1段目完成）。

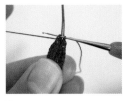

3.
鎖目を1目編み、1段目の最初に編んだ細編みの頭目（2本）に針を入れて2段目を編む。

4.
2段目の片側が編めたところ。

5.
1の鎖編み2目を束に拾う。
⇒P24「束に拾う」参照。

6.
引き抜き編みをしたところ。

7.
鎖編みを1目して再び同じ個所を束に拾い引き抜き編みをする。

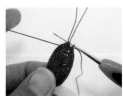

8.
2段目の反対側を編み図通りに編む。最後は、3の鎖編みの1目を拾って引き抜き編みをする。

9.
編み終わったところ。「ワイヤーを使った葉の編み方（葉の編み図が1段の場合）」の23、24と同じ要領でワイヤーに糸を巻く。⇒P37参照

キンカン葉大

ワイヤー18cmを半分に折り曲げる。

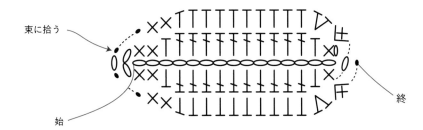

ワイヤーを使った作品の組立方

**ブローチピンの
下準備**

1.
ブローチピンの幅に合わせて
両面テープ（幅10mm）を切り、
ピンの表側に貼る。

2.
テープのはみ出た部分をピンの
裏側に折り込んで貼る。

3.
糸端を裏側に貼る。

4.
端から丁寧に巻いていく。

5.
3/4程度巻き終わったら、ブ
ローチピンのもう片方の端に糸
を渡して巻く。

6.
巻き終わったら裏側に少量のボ
ンドを付けて糸端を接着する。

**ブーケブローチの
組み立て方**

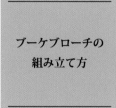

1.
糸を巻きつけた部分からはみ出
ているワイヤーは切っておく。

2.
花やつぼみを2～3つずつ糸で
巻いて束ねる。

3.
数本ずつ束ねた花同士をさらに
合わせて糸で巻いていく。

4.
花の本数が増えていくとワイヤーの数が多くなり、太くなりす
ぎてしまうので、巻くごとにワイヤーを数本切って太さを調節
する（逆にワイヤーの本数が少なくなりすぎると作品の強度が
落ちるので注意する）。

5.
花と葉を全て束ねる。完成時の
作品サイズ（長さ）に合わせて
ワイヤーを折り曲げる。

6.
ワイヤーをだいたい半分の本数
になるように分ける。

7.
片方のワイヤーの束を斜めに
カットする。

8.
残りのワイヤーの束を、先ほど
切ったワイヤーの端の長さに合
わせて斜めにカットする。

9.
カットしたワイヤーの端と端が
合わさるように調節してカット
する。

10.
ワイヤーを折り曲げた所に少量
のボンドをつけて糸を巻く。

11.
ワイヤーを折り曲げる。

12.
ワイヤー部分に少量のボンドを
つけながら糸を巻いていく。

13.
葉がある部分まで糸を巻いた
ら、葉の付け根に糸を2回ほど
巻く。

14.
葉の付け根に少量のボンドを付
け糸を接着し、糸を短く切る
（パーツの付け根で糸を切るこ
とで、糸処理のあとが目立ちに
くくなる）。

ブローチピン
のつけ方

15.
ブローチピンを付けたい位置に糸を数回巻き付ける（ブローチ
ピンがつく予定の位置の下側）。

16.
ピンを付ける予定の部分（先ほ
ど巻き付けた糸の上）にボンド
を付ける。

17.
ボンドの上にブローチピンを置
き、糸で巻いて固定する。（ピ
ンの下から上に向かって、写
真では左から右に向かって巻
く）。

18.
花や葉が邪魔で巻きにくい時
は、一時的にパーツの位置をず
らしてから巻く（この写真では
葉の位置をずらしている）。

19.
ピンとモチーフの間に糸を通
す。

20.
ピンとモチーフの間に少量のボ
ンドをつけて糸を接着し、糸を
短く切る。

リースブローチの組み立て方

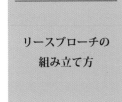

1.
ワイヤーを端から約1.5cmの所
で折り曲げ、少量のボンドを
つけて折り曲げた部分に糸を巻
く。

2.
ワイヤーを折り曲げて、糸を巻
く。（1.5cmパーツ完成）。これ
は最後リース状に固定する時に
使う。

3.
草花のパーツは、取り付けたと
きに正面を向くように約90度
になるように折り曲げておく。

4.
1.5cmパーツと一緒に草花パー
ツを糸で巻く。この時、ワイヤー
の1.5cmの部分には糸を巻かな
い。

5.
パーツを足しながら糸で巻く
（1.5cm部分には糸を巻かない）。

6.
全体のバランスを考えながら巻
く。

7.
パーツを3～4個巻いたあた
りで、巻かずにいた1.5cm部分
からは位置的にはずれていくの
で、その後は普通に糸を巻く。

普通に糸を
ないていく部分

1.5cm 糸を巻いていない部分

8.
リースの形になるように曲げな
がら、全体のバランスを見てパー
ツを固定する。パーツを巻いて
いく中で、ワイヤーの本数が増
えて太くなりすぎるようなら、
適宜ワイヤーを切って太さを調
節する。ワイヤーの本数が少な
すぎるとブローチの強度が落ち
るので、ワイヤーは切りすぎな
いように注意する。

8を裏から見たところ

8 を内側から見たところ

8 を外側から見たところ

10 を裏側から見たところ

9.
パーツの大きさにもよるが、内側に配置するパーツは外側よりも若干少なめに配置した方がリース状にした時にバランスがよい。

10.
さらにパーツを足した様子。ここまでくると段々糸が巻きにくくなってくるので、巻くときは（半）リース状から棒状に形を一時的に変えて、巻き終わったらリース状に戻してバランスを確認しながらパーツを増やしていく。

11.
パーツを全て巻き終えたところ。

12.
パーツの端と端を重ねて輪の大きさを調節する。1.5cmのパーツと重なる部分以外の余分なワイヤーはカットする。この時、最後に巻いたパーツのワイヤー2本はだけは切らずに残しておく。

13.
先ほどカットしたワイヤー部分をさらに斜めにカットする。この時、輪の大きさが変わらないように注意する。

14.
斜めにカットした部分から2本だけワイヤーを残した部分にかけて、ボンドを少量付けて糸を巻く。

15.
ワイヤー2本の部分を折り曲げてから、カットする。

16.
ワイヤー2本の部分と斜めにカットした部分を一緒に糸で巻く。

17.
糸を60～70cm程度長めに残して切る。1.5cmパーツと先ほどワイヤーを折り曲げた部分を重ね合わせてから糸で巻いて輪にする。この時、他のパーツは糸を巻く邪魔になるので一時的に位置を変えておく。

18.
先ほど位置を変えたパーツを元の位置に戻した様子。

ブローチピンのつけ方

19.
元に戻したパーツ部分の根本にも丁寧に糸を巻く。パーツが邪魔になる時は、適宜位置をずらす。1.5cmパーツが全て隠れるように巻く。

20.
輪にするために糸を巻いたところ（1.5cm部分）にブローチピンを取り付けていく。

21.
糸を80～90cm程度に切り、ピンを取り付ける位置の右端にあたる部分に糸を数回巻きつける。

22.
ピンの裏側にボンドを付ける。

23.
ブローチの上にピンを置き、糸を巻く。

24.
ピンの半分くらいまで巻いたところ。

25.
パーツが邪魔で巻きにくい箇所は、適宜パーツの位置をずらしながら巻く。

26.
ブローチの左端まで巻いたら、リースとブローチの間に糸を通す。

上から見たところ

下から見たところ

27.
糸を短く切り、少量のボンドを付けて糸端を接着する。

耳飾りの組み立て方

1.
パーツを糸で巻いて組み立てる。耳飾りは丸カンを通すため、ワイヤーの本数が増えて太くなりすぎないように適宜ワイヤーをカットする。最後はワイヤーを2本だけ残して糸を巻いておく。

2.
糸を30〜40cm程度の長さに切る。

3.
マルカンを通す（この作品では3mmの丸カンを使用）。

4.
ワイヤーを折り曲げる。

5.
ワイヤーの先を斜めにカットする。少量のボンドを付けながら糸を巻く。

6.
最後はパーツの付け根部分に糸を通し、少量のボンドで接着して糸を短く切る。

7.
完成した耳飾りを裏側から見たところ。

8.
先ほど通した丸カンを開いてイヤリングやピアスパーツに取り付ける。

紫陽花のバレッタ

材料：
絹糸（各色1つずつ）
バレッタ金具、綿布、フェルト、接着芯
型紙 ⇒ P98

本書で使用した絹糸の色番号表

| 編み図名 | （編み図名） | | パーツ名 | 必要個数 |
	花	花芯（フレンチノットステッチ）		
紫陽花 ※編み図⇒P27	都羽根 215	都羽根 129	A	8
	都羽根 127	都羽根 215	B	7
	タイヤー 生成	都羽根 127	C	8
	オリヅル 109	オリヅル 189	D	8
	オリヅル 108	タイヤー 5	E	8

花芯はフレンチノットステッチ（1本取り、3回巻き）

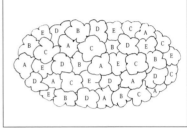

本書での配置図

紫陽花（花）　　⇒　編み図P27

「花芯の付け方（フレンチノットステッチ）」⇒ P32 参照
土台の作り方、貼り付け方 ⇒ P33 参照

ヒマワリのポニーフック

材料：

　絹糸（各色1つずつ）

　ポニーフック金具、綿布、フェルト、接着芯

　型紙　⇒　P100

本書で使用した絹糸の色番号表

編み図名	（編み図名）				パーツ名	必要個数
	花	花芯（茶色系中心部）	花芯（茶色系周辺部）	ガク		
ヒマワリ大 ※編み図⇒P29	都羽根 65	都羽根 66	タイヤー 33	タイヤー 81	A	1
ヒマワリ小		タイヤー 33			a	1
ヒマワリ大 ※編み図⇒P29	オリヅル 19	都羽根 66	都羽根 107	都羽根 124	B	1
ヒマワリ小		都羽根 107			b	1

編み図名		パーツ名	必要個数
ヒマワリ葉	都羽根 124	c	2
	タイヤー 81	d	2

・「花芯の付け方」⇒ P32 参照

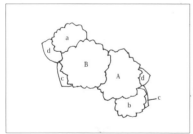

本書での配置図。

作り方のポイント	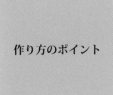花の裏側にガクをボンドで貼り付ける。花びらと花びらの間にガクのとがった部分がくるように貼り付けると見た目が綺麗。	作品を裏側から見たところ葉→花の順で貼り付ける。⇒P33「貼り付け方」参照。

編み方のポイント（葉）

1.
わに7目編みいれる。2段目は鎖1目で立ち上がり編み図通り一周編む。

2.
鎖編みを1目編んでから2段目最初の細編みに針を入れる。鎖1目で立ち上がり編み図通り一周編む。

3.
最後は2の鎖編みに引き抜き編みをして糸を切る。

土台の作り方

1.
フェルトにハード接着芯を貼ったものと綿布をそれぞれ必要枚数カットする。

2.
フェルトパーツAの接着芯側にボンドを薄く塗布して綿布パーツaに貼り付ける。

3.
ポニーフック金具を縫い付ける。

4.
綿布パーツaに切れ込みを入れてボンドを薄く塗布し内側に倒しながら貼る。その上に綿布パーツbを貼る。

ヒマワリ大（花）　⇒　編み図 P29

ヒマワリ小（花）

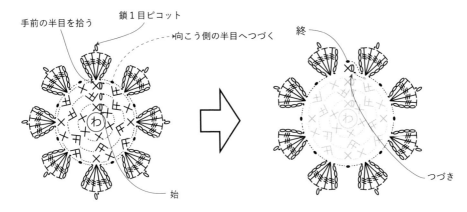

手前の半目を拾う　鎖1目ピコット　----→向こう側の半目へつづく　　終

始

手前側の半目を拾って花びらを編む。

向こう側の半目を拾って花びらを編む。

つづき

ヒマワリ大（ガク）
ヒマワリ小（ガク）　※ヒマワリ大とヒマワリ小のガクは共通です。

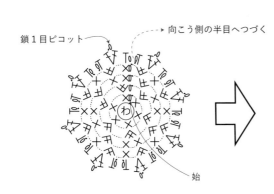

鎖1目ピコット　----→向こう側の半目へつづく

始

手前側の半目を拾って花びらを編む。

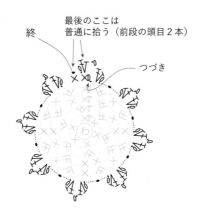

最後のここは
普通に拾う（前段の頭目2本）

終　　つづき

向こう側の半目を拾って花びらを編む。

ヒマワリ大（花芯）

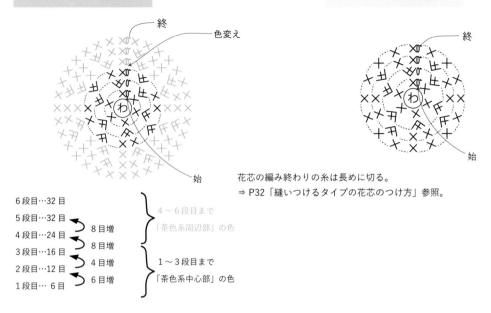

終
色変え
始

ヒマワリ小（花芯）

終
始

花芯の編み終わりの糸は長めに切る。
⇒ P32「縫いつけるタイプの花芯のつけ方」参照。

6段目…32目
5段目…32目
4段目…24目　8目増
3段目…16目　8目増
2段目…12目　4目増
1段目… 6目　6目増

4〜6段目まで
「茶色系周辺部」の色

1〜3段目まで
「茶色系中心部」の色

⇒ P32「色の変え方」参照。

ヒマワリ葉

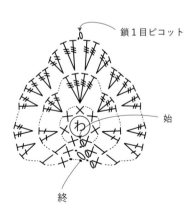

鎖1目ピコット
始
終

椿のポニーフック

材料：

絹糸（各色１つずつ）

ポニーフック金具、綿布、フェルト、接着芯

型紙 ⇒ P100

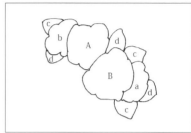

本書での配置図。

本書で使用した絹糸の色番号表

編み図名	（編み図名）		パーツ名	必要個数
	花	花芯		
椿大	都羽根 100	都羽根 18	A	1
椿小			a	1
椿大	都羽根 202	オリヅル 78	B	1
椿小			b	1

編み図名		パーツ名	必要個数
椿葉 ※編み図⇒P31	都羽根 30	c	3
	タイヤー 31	d	3

<table>
<tr><td rowspan="2">作り方のポイント</td><td></td><td></td><td></td><td>作品を裏側から見たところ
</td></tr>
<tr><td>1.
「椿大（花）2」はわの中心に針を入れて編み終わりの糸端を引き抜いておく。</td><td>2.
花芯の裏にボンドを付けて「椿大（花）1」「椿小（花）」の中心に貼り付ける（椿小この段階で完成）。</td><td>3.
「椿大（花）1」の裏にボンドをつけて「椿大（花）2」の中心に貼り付ける（椿大はこの段階で完成）。</td><td>4.
葉→花の順で貼り付ける。
⇒P33「貼り付け方」参照。</td></tr>
</table>

椿大（花）1
椿小（花）

椿大は「椿大（花）1」と「椿大（花）2」を合体させる。

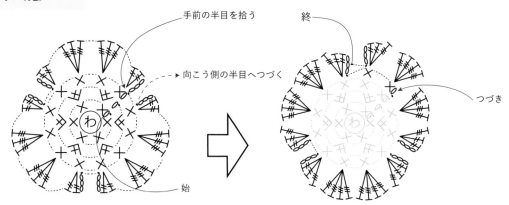

手前側の半目を拾って花びらを編む。　　　　　　　向こう側の半目を拾って花びらを編む。

椿大（花）2

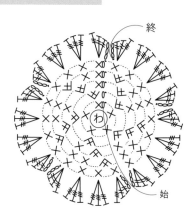

椿大（花芯）
椿小（花芯）

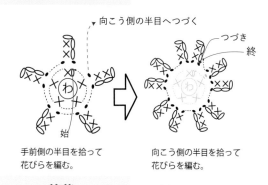

手前側の半目を拾って　　　向こう側の半目を拾って
花びらを編む。　　　　　　花びらを編む。

椿葉　　　　⇒　編み図 P31

ランタナの耳飾り

材料：

絹糸（各色1つずつ）

イヤリング・ピアス金具（丸皿タイプ）、綿布、フェルト、接着芯

型紙 ⇒ P99

本書で使用した絹糸の色番号表

編み図名	（編み図名）		パーツ名	必要個数
	花	花芯（フレンチノットスッチ）		
ランタナ	タイヤー 62	都羽根 34	A	6
	都羽根 86	都羽根 202	B	6
	都羽根 35	都羽根 86	C	6
	都羽根 149	タイヤー 62	D	6
	オリヅル 19	都羽根 18	E	4
	都羽根 16	都羽根 65	F	4
	都羽根 65	都羽根 35	G	4
	都羽根 176	都羽根 16	H	2

花芯はフレンチノットステッチ（1本取り、3回巻き）

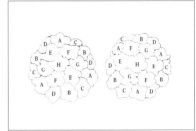

本書での配置図。

「花芯の付け方（フレンチノットステッチ）」⇒ P32 参照。

土台の作り方

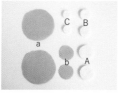

1.
フェルトにハード接着芯を貼ったものと綿布をそれぞれ必要枚数カットする。

2.
フェルトパーツAの接着芯側にボンドを薄く塗布し綿布パーツ a に貼り付ける。

3.
フェルトパーツBとCそれぞれのフェルト側にボンドを薄く塗布して貼り付ける。綿布パーツ a に切れ込みを入れる。

4.
切れ込みを内側に折りながら貼り付け、綿布パーツ b を貼り付ける。はみ出る部分があればカットする。

5.
イヤリング（ピアス）パーツの丸皿部分に接着剤を塗布し接着する。

6.
土台にパーツを接着したところ。

作り方のポイント

1.
花の中心部分から付ける。紫陽花の貼り付け方と同様につけていく。⇒ P33「貼り付け方」参照。

2.
裏から見た時花びらが 2 ～ 3 ㎜ はみ出るように接着する。

ランタナ（花）

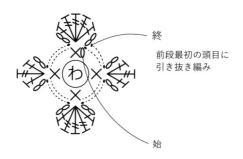

終
前段最初の頭目に
引き抜き編み

始

スイートアリッサムの耳飾り

材料：

絹糸（各色1つずつ）

イヤリング・ピアス金具（丸皿タイプ）、綿布、フェルト、接着芯

型紙　⇒　P99

本書で使用した絹糸の色番号表

編み図名	花（中心部分）	花（花びら部分）	花芯（フレンチノットステッチ）	パーツ名	必要個数
スイートアリッサム	オリヅル196	オリヅル93	都羽根118	A	4
		都羽根32		B	4
		オリヅル173		C	4
	タイヤー23	タイヤー48	都羽根9	D	4
		オリヅル140		E	4
		都羽根6		F	4
		タイヤー生成		G	4

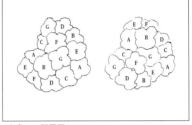

本書での配置図。

花芯はフレンチノットステッチ（1本取り、3回巻き）

「花芯の付け方（フレンチノットステッチ）」⇒ P32 参照。

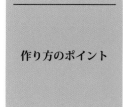

作り方のポイント

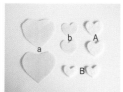

1.
フェルトにハード接着芯を貼ったものと綿布をそれぞれ必要枚数カットする。

2.
ランタナと同じ要領で土台を作る。写真は切れ込みの入れたところ。

3.
裏側にイヤリング・ピアスパーツを貼り付ける。

4.
裏側から見たときに花びらが少しはみ出るように接着する。
⇒P33「貼り付け方」参照。

スイートアリッサム（花）

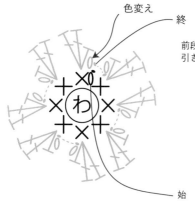

色変え

終

前段最初の頭目に
引き抜き編み

始

2段目…花びら部分（2色目）
1段目…中心部分（1色目）

月見草のネックレス

材料：

絹糸（各色1つずつ）

チェーン（約45cm）、引き輪、アジャスター、丸カン（2.5mm）、三角カン、

綿布、フェルト、接着芯

型紙　⇒　P100

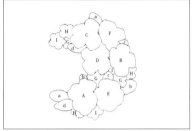

本書での配置図。

本書で使用した絹糸の色番号表

編み図名	（編み図名）			パーツ名	必要個数
	花（中心部分）	花（周辺部分）	花芯		
月見草　※（花芯）の編み図　⇒P30	タイヤー生成	オリヅル140	都羽根177	A	1
	タイヤー白	タイヤー150	タイヤー29	B	1
	タイヤー42	オリヅル173	タイヤー145	C	1
	都羽根177		都羽根16	D	1
	タイヤー29		オリヅル19	E	1
	タイヤー145		オリヅル78	F	1

編み図名	（編み図名）		パーツ名	必要個数
	花（中心部分）	花（花びら部分）		
小花	オリヅル78	タイヤー白	G	3
	都羽根65	都羽根176	H	3
	オリヅル19	都羽根16	I	3

編み図名		パーツ名	必要個数
月見草葉大	都羽根118	a	2
	都羽根21	b	2
月見草葉小	都羽根118	c	2
	都羽根21	d	2

作り方のポイント

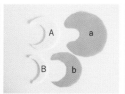

1.
フェルトにハード接着芯を
貼ったものと綿布を、それぞれ
必要枚数カットする。

2.
フェルトパーツAとBを貼り
付けたものを、綿布パーツaに
貼り付ける。

3.
綿布パーツaに切れ込みを入れ
てボンドを薄く塗布し、内側に
倒しながら貼る。

4.
土台パーツの上部に三角カンを
縫い付ける。

5.
綿布パーツbを貼り付ける（は
み出た部分はカットする）。

作品を裏側から見たところ

⇒ P33「貼り付け方」参照。

月見草（花）

● 2段目の細編みの目を拾う。
P57「パンジーの編み方」参照。

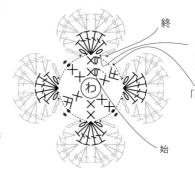

終

「ＡＢＣ」はここから2色目の色に変える。
「ＤＥＦ」は糸を切らずにそのまま同じ色
で編む。

「ＡＢＣ」は1色目の糸を切る

始

4段目…花（周辺部分）
3段目…花（中心部分）
2段目…8目
1段目…6目
}2目増

4段目「ＡＢＣ」は
花びら部分の色に変えて編む

1〜3段目まで
中心部分の色で編む

月見草（花芯） ⇒ 編み図P30

小花

※「パンジーのネックレス」の小花と
共通です。

終
ここから色変え
わ
始

2段目…花びら部分（2色目）
1段目…中心部分（1色目）

月見草葉大

葉は編み始めの糸を編みくるむ。
⇒「ワイヤーを使用しない葉の編み方」P31参照。

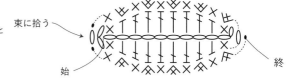

束に拾う

始

終

月見草葉小

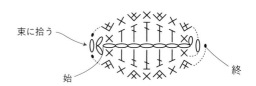

束に拾う

始

終

パンジーのネックレス

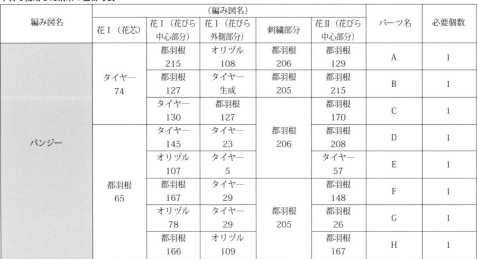

材料：

絹糸（各色1つずつ）

チェーン（約17.5cmを2本）、引き輪、アジャスター、丸カン（2.5mm）、三角カン、

綿布、フェルト、接着芯

型紙　⇒　P101

本書で使用した絹糸の色番号表

| 編み図名 | (編み図名) | | | | | パーツ名 | 必要個数 |
	花I（花芯）	花I（花びら中心部分）	花I（花びら外側部分）	刺繍部分	花II（花びら中心部分）		
パンジー	タイヤー74	都羽根215	オリヅル108	都羽根206	都羽根129	A	1
		都羽根127	タイヤー生成	都羽根205	都羽根215	B	1
		タイヤー130	都羽根127		都羽根170	C	1
	都羽根65	タイヤー145	タイヤー23	都羽根206	都羽根208	D	1
		オリヅル107	タイヤー5		タイヤー57	E	1
		都羽根167	タイヤー29		都羽根148	F	1
		オリヅル78	タイヤー29	都羽根205	都羽根26	G	1
		都羽根166	オリヅル109		都羽根167	H	1

| 編み図名 | (編み図名) | | パーツ名 | 必要個数 |
	花（中心部分）	花（花びら部分）		
小花 ※編み図⇒P55	オリヅル78	タイヤー白	I	3
	オリヅル19	都羽根12	J	3
	都羽根16	オリヅル16	K	3

編み図名	(編み図名)	パーツ名	必要個数
パンジー葉大	タイヤー83	a	2
	オリヅル155	b	2
パンジー葉小	タイヤー83	c	2
	オリヅル155	d	2

本書での配置図。

土台の作り方

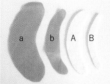

1.
フェルトにハード接着芯を貼ったものと綿布をそれぞれ必要枚数カットする。

2.
フェルトパーツAとBを貼り付けたものを、綿布パーツaに貼り付ける。

3.
綿布パーツaに切れ込みを入れてボンドを薄く塗布し内側に倒しながら貼る。

4.
土台パーツの両端に三角カンを縫い付ける。

5.
綿布パーツbを貼り付ける（はみ出た部分はカットする）。

編み方のポイント

1.
わに6目作り目をする（一段目）。

2.
花びら中心部分（2色目）の糸に変えて、二段目を編み図通りに編む。

3.
1段目の細編みの目に針を入れる。

4.
花びら外側部分（3色目）の糸に変えて鎖編みを1目編んだところ。

5.
鎖編みをもう一目編んだ後、2段目の中長編みの頭目に針を入れて、中長編みをする。

6.
編み図通りに端まで編んだら鎖編みを2目編む。

7.
3と同じ目に針を入れて引き抜き編みをする。

8.
3(7)で針を入れた目の次の目に針を入れて引き抜き編みをする（1段目の細編みの目）。

9.
さらに次の目に針を入れる。2枚目の花びらを編むために、1段目の細編みの目に針を入れているところ。

10.
3枚目の花びらを編んだところ。

11.
最後は、3(7)で針を入れたのと同じ目に針を入れる。

12.
引き抜き編みをして糸を切る。

<table>
<tr><td>刺繍のポイント</td><td>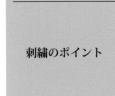</td><td></td><td></td><td></td></tr>
</table>

1.
針に糸を通し（1本取り）花の
裏側を浅く2回すくう。

2.
糸が固定されたところ。

3.
花びらの中心部分から表側に針
を出す（わの中心からは針を出
さない）。

4.
針を入れる（編み目に針を刺す
ようにする）。

5.
3と同じ場所から針を出す。

6.
先ほどと違う位置に針を入れ
る。これを繰り返して刺繍する。

7.
2枚目、3枚目の花びらも同様
に刺繍する。

8.
刺繍が終わったら1と同様にし
て糸を固定し数センチ残して糸
を切る。

<table>
<tr><td>作り方のポイント</td><td>組立てのポイント
</td><td></td><td></td><td></td></tr>
</table>

1.
「パンジー花Ⅱ」は、わの中心
に針を入れて編み始めの糸端を
引き出しておく。

2.
それぞれの花びらの中心に少量
のボンドをつけて糸を接着し余
分な糸を切っておく。

3.
「パンジー花Ⅱ」にボンドをつ
ける。

4.
「パンジー花Ⅱ」と「パンジー
花Ⅰ」を貼り合わせる。

作品を裏側から見たところ

⇒P33「貼り付け方」参照。

パーツを貼り終わったら、丸カ
ンでチェーンや引き輪を取り付
ける。

パンジー（花I）

●1段目の細編みの目を拾う。

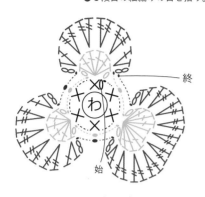

終

始

3段目…花びら外側部分（3色目）　1段目の細編みの目を拾う。

2段目…花びら中心部分（2色目）

1段目…花芯（一色目）

パンジー（花II）

●2段目の細編みの目を拾う。

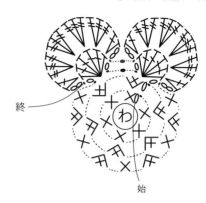

終

始

パンジー葉大

葉は編み始めの糸を編みくるむ。
⇒ 「ワイヤーを使用しない葉の編み方」
　　 P31 参照。

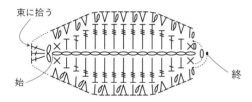

束に拾う

始

終

パンジー葉小

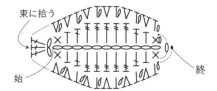

束に拾う

始

終

小花

⇒ 編み図 P55

※「月見草のネックレス」の小花
　と共通

ミモザの耳飾り

材料：

絹糸（各色1つずつ）
イヤリング・ピアス金具（カン付き）、Tピン、
3㎜ラウンドビーズ、チェーン（長さ約4.5cmを2本）、丸カン（2.5mm）

本書で使用した絹糸の色番号表

編み図名	色番号	必要個数
ミモザ ※編み図⇒P28	オリヅル 78	20
	タイヤー 74	20
	都羽根 23	20
ミモザ葉	オリヅル 157	2

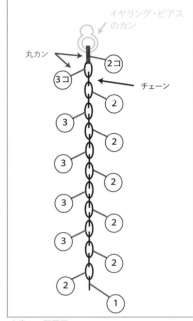

本書での配置図。

・ミモザをチェーンに2〜3コずつ丸カンで
　つける。全てつけ終わったら1番上の丸カン
　に葉を取り付ける。
・チェーン約4.5cm
・チェーンは少し長めにカットしてからパーツ
　を丸カンで付ける。全体のバランスを見て最
　後に丁度いい長さにカットする。

<table>
<tr><td rowspan="2">作り方のポイント</td><td></td><td></td><td></td></tr>
<tr><td>1.
葉を編み図通り最後まで編んだら、編み初めの目に針を入れて引き抜き編みをする。糸は長めに残して切る。</td><td>2.
糸端の処理をする際は、針に糸端を通してから葉の裏側の編み目をすくう。編み終わった場所から1～2cm程度離れた場所から糸を出し、短く切る。編み初めと編み終わりの糸端それぞれを同様の方法で処理する。（糸始末）</td><td>3.
水通し後乾燥したら、編み図で指定されている目を拾って丸カンを通しイヤリング・ピアスパーツに取り付ける。</td></tr>
</table>

ミモザ　⇒　編み図 P28

Tピンに3mm ラウンドビーズを通して編みくるむ。

ミモザ葉　葉は丸カンをつける位置を変えることで左右対称にする。

左用の葉はこの細編みを拾って丸カンを通す　　　　　右用の葉はこの細編みを拾って丸カンを通す

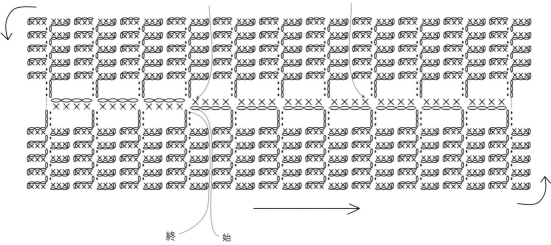

終　　始

「細編み（平編みのとき）」⇒ P22 参照。

クランベリーの耳飾り

材料：

絹糸（各色1つずつ）
イヤリング・ピアス金具（カン付き）、Tピン、
4mmラウンドビーズ、チェーン（長さ約4cmを2本）、丸カン（2.5mm）

本書で使用した絹糸の色番号表

編み図名	色番号	パーツ名	必要個数
クランベリー	オリヅル 1		4
	タイヤー 79		4
	タイヤー 64		4
	都羽根 36		4
	都羽根 99		4
	都羽根 34		4
クランベリー葉 小	オリヅル 113	A	4
	都羽根 152	B	4
クランベリー葉 大	都羽根 30		2

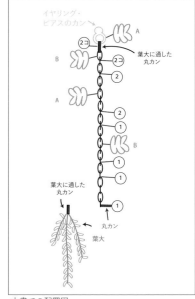

本書での配置図。

・葉大に丸カンを通しチェーンも通してから
　イヤリング・ピアスパーツに付ける。
・葉A・Bや実を1～2コずつ丸カンで付ける。
・チェーン約4cm
・チェーンは少し長めにカットしてからパーツを
　丸カンで付ける。全体のバランスを見て最後に
　丁度いい長さにカットする。

クランベリー

Ｔピンに４mm ラウンドビーズを通して編みくるむ。

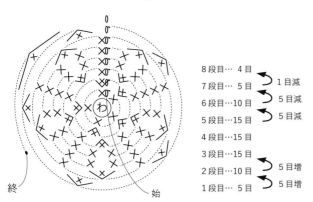

8 段目… 4 目
7 段目… 5 目 ┐ 1 目減
6 段目… 10 目 ┐ 5 目減
5 段目… 15 目 ┐ 5 目減
4 段目… 15 目
3 段目… 15 目
2 段目… 10 目 ┐ 5 目増
1 段目… 5 目 ┐ 5 目増

クランベリー葉小

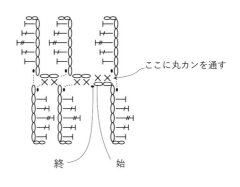

ここに丸カンを通す

終　始

クランベリー葉大　右用・左用をそれぞれ１つずつ左右対称に編む。

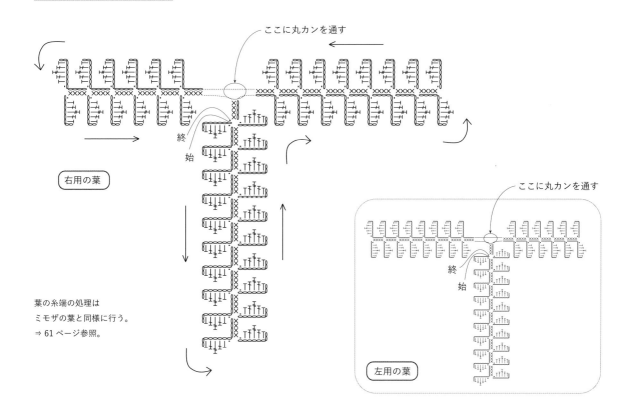

ここに丸カンを通す

右用の葉

終　始

葉の糸端の処理は
ミモザの葉と同様に行う。
⇒ 61 ページ参照。

ここに丸カンを通す

終　始

左用の葉

キンモクセイの耳飾り

材料：

絹糸（各色１つずつ）
イヤリング・ピアス金具（カン付き）、Tピン、
チェーン（長さ約5cmを2本）、丸カン（2.5㎜）

本書で使用した絹糸の色番号表

編み図名	（編み図名）		必要個数
	花	ガク	
キンモクセイ	都羽根 7		40
	都羽根 35		40

編み図名	色番号	必要個数
キンモクセイ葉	タイヤー 31	2

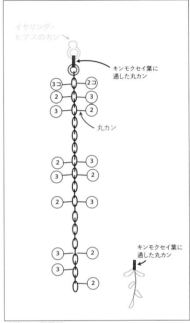

本書での配置図。

・葉に丸カンを通しチェーンも通してから
　イヤリング・ピアスパーツに付ける。
・花を2〜3コずつ丸カンで付ける。
・チェーン約5cm
・チェーンは少し長めにカットしてからパーツを
　丸カンで付ける。全体のバランスを見て最後に
　丁度いい長さにカットする。

作り方のポイント

1.
花の中心にTピンを通す。

2.
編み初めの糸端を引きわ引き締める。わの裏側にボンドを少量つけて編み初めと編み終わりの糸端を接着し短くカットする。

3.
ガクをTピンに通す。

4.
ガクの糸端を短くカットし、ボンドを少量つけて花と接着する。

5.
Tピンを7㎜程度残して切断し、ピン先を丸める。

編み方のポイント

1.
「キンモクセイ葉内側（黄緑糸）」は編み始めの糸端は短く切る。

2.
編み終わりの糸端を針に通して、葉の裏側を1〜2㎝程度すくって針をだし糸を短く切る。（糸処理しておく）

3.
「キンモクセイ葉外側（赤糸）」はまず鎖編み6目を編み、「キンモクセイ葉内側」の細編みの頭目に針を入れる。

4.
細編みを2目編み、その後も編み図通り端まで編み進める。

5.
端までできたら、「キンモクセイ葉内側」の鎖2目の部分を束に拾い編み図通り編む。

6.
反対側も編み終わったところ。

7.
3の鎖編みの端から数えて6目めに針を入れる。

8.
細編みを6目編む。

9.
さらに鎖編みを10目編んだ後、3〜7を繰り返し編み図通りに最後まで編む。

10.
編み終わりの糸端を針に通して葉の裏側を1〜2㎝程度すくって針をだし糸を短く切る。（糸処理）

キンモクセイ（花）

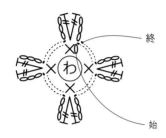

終

始

キンモクセイ（ガク）

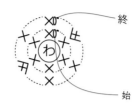

終

始

キンモクセイ葉

葉内側を10枚編む。葉外側で5枚ずつ
繋いで左右1枚ずつの葉にする。

葉内側と 葉外側

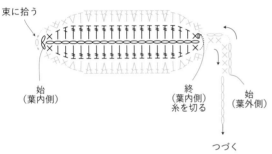

束に拾う

始
（葉内側）

終
（葉内側）
糸を切る

始
（葉外側）

つづく

葉内側

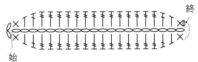

終

始

※葉内側は編み始めの糸端を編みくるむ。
　編み始めと編み終わりの2本の糸端は針に通して
　葉の裏側をすくって処理をする。

ここの目を拾ってカンを通す

始
（葉外側）

終
（葉外側）

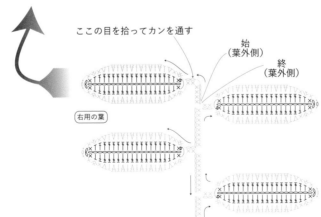

右用の葉

左用の葉

終

始

編み始めの位置を変えることで
右用の葉と左右対称になるように編む。

枝垂れ梅の耳飾り

材料：

絹糸（各色1つずつ）

イヤリング・ピアス金具（カン付き）、Tピン、

3㎜ラウンドビーズ、シードビーズ、チェーン（長さ約5㎝を2本）、丸カン（2.5㎜）

本書で使用した絹糸の色番号表

編み図名	（編み図名）			パーツ名	必要個数
	花	花芯	ガク		
梅花	タイヤー 4	オリヅル 141	都羽根 37	A	8
	タイヤー 150	タイヤー 23	都羽根 79	B	8
梅つぼみ大	タイヤー 89	タイヤー 89	タイヤー 64		2
梅つぼみ中		タイヤー 48	オリヅル 1		2
梅つぼみ小		都羽根 220			2

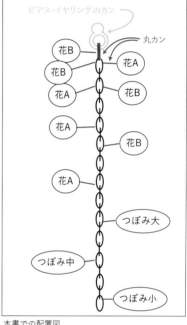

本書での配置図。

・花やつぼみを1コずつ丸カンで付ける。

・チェーン約5㎝

・チェーンは少し長めにカットしてからパーツを
　丸カンで付ける。

・全体のバランスを見て最後に丁度いい長さに
　カットする。

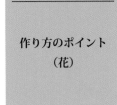

作り方のポイント（花）

1.
花のわの中心にTピンを通す。糸端はボンドをつけて接着する。ガクをTピンに通し接着する。

2.
花びらと花びらの間にガクのとがっている部分がくるように貼り付けると仕上がりが綺麗。

3.
花の中心部分にボンドをつける。Tピンの周りにもボンドを付けることで、花芯が貼り付きやすくなる。

4.
花芯の糸端は予めボンドで処理をしておく。花芯を花の中心に貼り付ける。

5.
花芯を貼り付けたところ。

作り方のポイント（つぼみ）

1.
「梅つぼみ大（花芯）」のTピンに「梅つぼみ大（花）」を通し、花びらの裏側にボンドをつけて貼り付ける。

2.
先ほどのパーツのTピンにガクを通す。

3.
ガクの裏側にボンドを付けて貼り付ける。（つぼみ大完成）

4.
「梅つぼみ中（花芯）」にガクを通し、ガクの裏側にボンドをつけて貼り付ける（つぼみ中完成）。

5.
つぼみ小はシードビーズを芯にして編みくるむ。各パーツはTピンを丸めた後、丸カンでチェーンに付ける。

梅花（花）

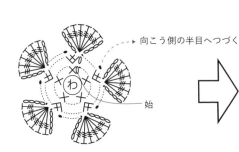

→ 向こう側の半目へつづく

始

手前側の半目を拾って花びらを編む。

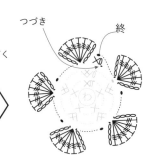

つづき

終

向こう側の半目を拾って花びらを編む。

梅花（花芯）

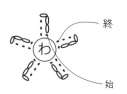

終

始

⇒ 30「わに直接花びらや
　　花芯を編む」参照。

梅花（ガク）
梅つぼみ大（ガク）
梅つぼみ中（ガク）

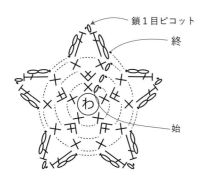

鎖1目ピコット
終
始

梅つぼみ大（花芯）
梅つぼみ中（花芯）

Tピンに3mmラウンドビーズを通して編みくるむ。

※「ミモザ」と編み図共通。

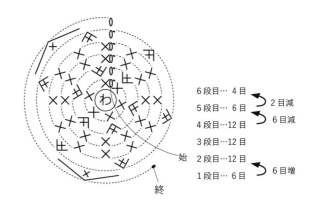

始
終

6段目… 4目		
5段目… 6目	2目減	
4段目…12目	6目減	
3段目…12目		
2段目…12目	6目増	
1段目… 6目		

梅つぼみ大（花）

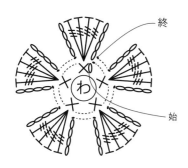

終
始

梅つぼみ小（花芯）

Tピンにシードビーズを通して編みくるむ。
※「ムラサキシキブ」と編み図共通。

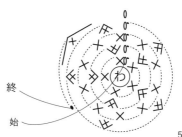

終
始

5段目… 4目	1目減	
4段目… 5目	5目減	
3段目…10目		
2段目…10目	5目増	
1段目… 5目		

069

忘れな草のブローチ

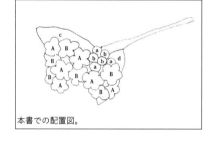

材料：
絹糸（各色1つずつ）
ブローチ金具、地巻ワイヤー #28緑
仕上がりの目安：長さ約8cm

本書で使用した絹糸の色番号表

編み図名	（編み図名）				パーツ名	必要個数
	花（中心部分）	花（花びら部分）	刺繍	ガク		
忘れな草花	都羽根 177	タイヤー 27	タイヤー白 （2本取り）	タイヤー 83	A	6
	タイヤー 29	都羽根 64			B	6
忘れな草つぼみ	タイヤー 5			オリヅル 155	a	3
	都羽根 166				b	3

編み図名		パーツ名	必要個数
忘れな草葉	オリヅル 113	c	1
	都羽根 152	d	1

組み立て時に使用する糸	タイヤー 83

本書での配置図。

作り方のポイント（花）

1.
ガクのわにワイヤー芯小を通し、少量のボンドを付けて編み始めの糸をワイヤーに巻く。

2.
ガクにボンドをつける。

3.
花は刺繍をした後、花の裏側に少量のボンドをつけて糸処理をしておく。ボンドを付けたガクを花に接着する。花びらと花びらの間にガクのとがっている部分がくるように付ける。

4.
花を組み立て終わったところ。

作り方のポイント（つぼみ）

1.
つぼみはワイヤー芯小を編みくるみ、少量のボンドを付けて編み終わりの糸端をワイヤーに巻き、ガクを通す。

2.
ガクの裏側に少量のボンドを付けて、つぼみに貼り付ける。

3.
つぼみを組み立て終わったところ。

作品を裏側から見たところ

忘れな草花（花）

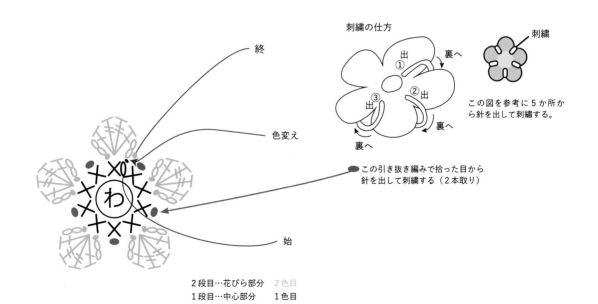

終

色変え

始

刺繍の仕方

①出　裏へ
②出
③出
裏へ
裏へ

刺繍

この図を参考に5か所から針を出して刺繍する。

この引き抜き編みで拾った目から針を出して刺繍する（2本取り）

2段目…花びら部分　2色目
1段目…中心部分　　1色目

忘れな草つぼみ（花）

・ワイヤー 12cm（端から約 2 cm の所で折り曲げる）。
・ワイヤー芯小（つぼみと同じ色）を編みくるむ。

忘れな草花（ガク）

忘れな草つぼみ（ガク）

・ワイヤー 12cm（端から約 2 cm の所で折り曲げる）。
・ワイヤー芯小（ガクと同じ色を巻く）。

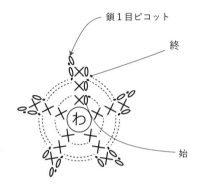

忘れな草葉　ワイヤー18cmを半分に折り曲げる。

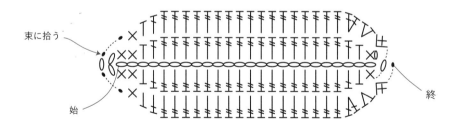

ヒメジョオンのブローチ

材料：
　絹糸（各色1つずつ）
　ブローチ金具、地巻ワイヤー＃28 緑

仕上がりの目安：長さ約8cm

本書で使用した絹糸の色番号表

編み図名	（編み図名）			パーツ名	必要個数
	花	花芯	ガク		
ヒメジョオン 花	タイヤー 白	都羽根 177	オリヅル 111	A	1
ヒメジョオン つぼみ				a	1
ヒメジョオン 花	オリヅル 14	タイヤー 145	タイヤー 81	B	1
ヒメジョオン つぼみ				b	1
ヒメジョオン 花	タイヤー 生成	オリヅル 196	都羽根 124	C	1

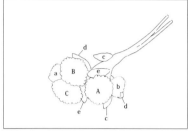

本書での配置図。

編み図名		パーツ名	必要個数
ヒメジョオン葉 ※編み図⇒P37	オリヅル 111	c	2
	都羽根 124	d	2
	タイヤー 81	e	2

組み立て時に 使用する糸	都羽根 124

<table>
<tr>
<td>

作り方のポイント

</td>
<td>

1.
花とつぼみを組み立てたところ。

</td>
<td>

2.
花とつぼみを裏側から見たところ。

</td>
<td>

作品を裏側から見たところ

</td>
</tr>
</table>

ヒメジョオン花（花）

・ワイヤー18㎝を半分に折り曲げる。
・ワイヤー芯中（花と同じ色）を巻く。

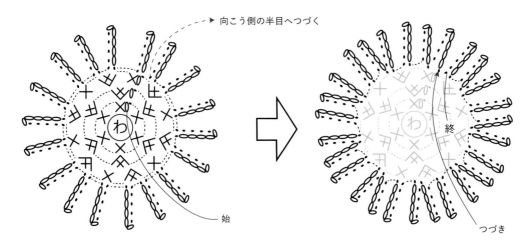

向こう側の半目へつづく

始

終

つづき

手前側の半目を拾って花びらを編む。

この段は、花びらが18枚になる。

向こう側の半目を拾って花びらを編む。

この段は、花びらが27枚になる。
（前段2目ごとに花びらを3枚編む）

ヒメジョオンつぼみ
（花）

・ワイヤー18cmを半分に折り曲げる。
・ワイヤー芯中（つぼみと同じ色）

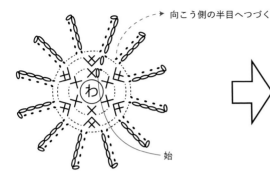

向こう側の半目へつづく

始

終

つづき

手前側の半目を拾って花びらを編む。

この段は、花びらが12枚になる。

向こう側の半目を拾って花びらを編む。

この段は、花びらが18枚になる。
（前段2目ごとに花びらを3枚編む）

ヒメジョオン花
（花芯）
ヒメジョオン花
（ガク）
ヒメジョオンつぼみ
（ガク）

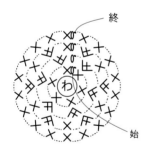

終

始

ヒメジョオンつぼみ
（花芯）

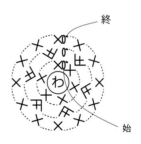

終

始

・編み終わったらわの中心に針を入れて編み始めの
　糸端を表に引き出しておく。
・花芯は編み終わりの糸を長めに切る。
・花芯は裏側が表になるようにして花に縫いつける。

ヒメジョオン葉　　⇒　編み図 P37

ムラサキシキブのブローチ

材料：

絹糸（各色1つずつ）

ブローチ金具、地巻ワイヤー＃28緑

仕上がりの目安：長さ約8cm

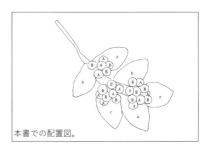

本書での配置図。

本書で使用した絹糸の色番号表

編み図名	（編み図名）		パーツ名	必要個数
	実	茎		
ムラサキシキブ	都羽根 129	都羽根 143	A	12
	都羽根 166		B	12

編み図名		パーツ名	必要個数
ムラサキシキブ 葉	タイヤー 33	a	2
	タイヤー 122	b	2
	都羽根 114	c	2

組み立て時に 使用する糸	都羽根 143

<table>
<tr>
<td>

作り方のポイント	  

</td>
</tr>
</table>

作り方のポイント

1.
実はワイヤー芯大を作り編みくるむ。茎部分に指定の糸を巻く。

2.
糸からはみ出たワイヤー部分はカットしておく。

3.
実は2〜3個ずつ糸で巻いて束ねる。

作品を裏側から見たところ

4.
パーツ数が多いので、束ねていく中でワイヤーの本数が増えてきたら、適宜数本ずつカットして茎の太さを調節する。カットしすぎるとワイヤーの本数が少なすぎて強度が落ちるので注意。

5.
実を束ね終わったら葉を付けていく。

6.
全体のバランスを見ながら組み立てる。

ムラサキシキブ（実） ※枝垂れ梅「梅つぼみ小（花芯）」と共通。

・ワイヤー12cm（端から約2cmのところで折り曲げる）。
・ワイヤー芯大（ムラサキシキブ（実）と同じ色）を編みくるむ。

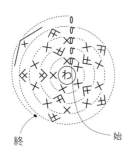

終　　始

ムラサキシキブ葉

ワイヤー18cmを半分に折り曲げる

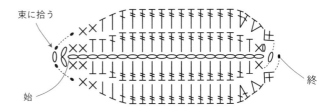

束に拾う　　始　　終

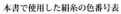

キンカンのブローチ

材料：

絹糸（各色1つずつ）

ブローチ金具、5㎜ラウンドビーズ、地巻ワイヤー♯28緑、白

仕上がりの目安：長さ約8cm

本書で使用した絹糸の色番号表

編み図名	（編み図名）			パーツ名	必要個数
	花、実	花芯（ワイヤー芯小）	ガク		
キンカン花	オリヅル 141	タイヤー 145	都羽根 152	A	3
	タイヤー 生成	タイヤー 29		B	3
キンカン実	都羽根 35				2

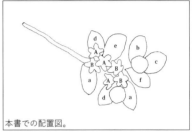

本書での配置図。

編み図名		パーツ名	必要個数
キンカン葉大 ※編み図⇒38	都羽根 152	a	2
キンカン葉小		b	1
キンカン葉大	タイヤー 31	c	1
キンカン葉小		d	2
キンカン葉大	都羽根 30	e	1
キンカン葉小		f	1

組み立て時に 使用する糸	都羽根 152

| 作り方のポイント |  |  |  |  |

作品を裏側から見たところ

1. 実と花を組み立てたところ。

2. 実と花を裏側から見たところ。

3. 数個ずつ各パーツを束ねてから一つの作品に組み立てる。

キンカン実

・ワイヤー１２ｃｍ端から約２ｃｍのところで折り曲げる）。

・５ｍｍラウンドビーズを通して編みくるむ。

ビーズ

ワイヤー

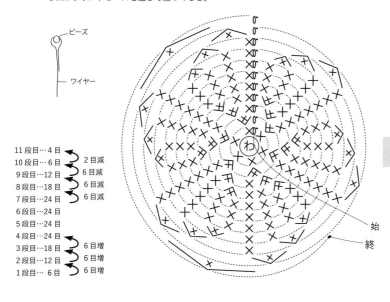

始

終

11段目…4目
10段目…6目　2目減
9段目…12目　6目減
8段目…18目　6目減
7段目…24目　6目減
6段目…24目
5段目…24目
4段目…24目
3段目…18目　6目増
2段目…12目　6目増
1段目… 6目　6目増

キンカン実（ガク）
キンカン花（ガク）

終

わ

始

キンカン花

向こう側の半目へつづく

わ

始

手前の半目を拾って編む。

終

つづき

わ

向こう側の半目を拾って花びらを編む。

・ワイヤー１２ｃｍ（端から約２ｃｍのところで折り曲げる）。

・ワイヤー芯小（花芯で指定されている色を巻く）。

・ワイヤーの色は白。

キンカン葉小　ワイヤー１８㎝を半分に折り曲げる。

束に拾う

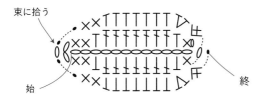

始

終

キンカン葉大　⇒　編み図 P38

079

春のリースブローチ

シロツメクサの耳飾りと編み図やパーツの作り方共通。

材料：
　絹糸（各色１つずつ）
　ブローチ金具、地巻ワイヤー♯28緑、白

仕上がりの目安：直径約5cm

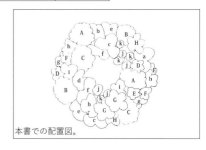

本書で使用した絹糸の色番号表

編み図名	花Ⅰ（緑）	花ⅡとⅢ（緑）	花ⅡとⅢ（白）	花Ⅳ	茎	パーツ名	必要個数
シロツメクサ	都羽根 118		都羽根 4		都羽根 118	A	2
	オリヅル 111		オリヅル 14		オリヅル 111	B	2
	都羽根 124		タイヤー 生成		都羽根 124	C	2

編み図名	花	花芯（ワイヤー芯小）	パーツ名	必要個数
カタバミ花	オリヅル 19	タイヤー 29	D	2
	タイヤー 145	オリヅル 19	E	2
	タイヤー 29	タイヤー 145	F	2

本書での配置図。

編み図名	葉	花芯（ワイヤー芯小）	パーツ名	必要個数
クローバー	タイヤー 83		a	1
	タイヤー 81		b	1
	都羽根 112		c	2
	都羽根 152		d	1
	オリヅル 157		e	2
	都羽根 118		f	2
カタバミ葉	オリヅル 111		g	2
	タイヤー 85		h	3
	都羽根 124		i	2

編み図名	(編み図名)		刺繍	ガク	パーツ名	必要個数
	花(中心部分)	花(花びら部分)				
忘れな草花 ※編み図⇒P71	都羽根 177	タイヤー 27	タイヤー 白 （二本取り）	タイヤー 83	G	2
	タイヤー 29	都羽根 64			H	2
忘れな草つぼみ ※編み図⇒P72	タイヤー 5			オリヅル 155	j	4
	都羽根 166				k	4

組み立て時に 使用する糸	都羽根 118

作り方のポイント

1.
花Ⅰのパーツに「ワイヤー芯中」を通す。

2.
花Ⅱのパーツを通す。

3.
編み始めの糸を使い、他の出ている糸端とワイヤーを一緒に巻く。

4.
花Ⅲ、花Ⅳのパーツも同様に組み立てる。

シロツメクサを組立てたところ

カタバミを組み立てたところ

リースブローチを裏側から見たところ

耳飾りを裏側から見たところ

5.
茎になる部分に指定の糸を巻く。

シロツメクサ（花Ⅰ）

・ワイヤー6cmを端から約1.5cmのところで折り曲げる。
・ワイヤー芯中（花Ⅰと同じ色）を巻く。

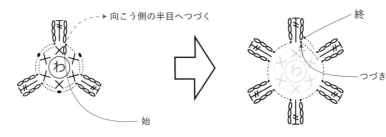

手前側の半目を拾って花びらを編む。

向こう側の半目を拾って花びらを編む。

シロツメクサの耳飾り

春のリースブローチと編み図やパーツの作り方共通。

材料：
　絹糸（各色1つずつ）
　イヤリング・ピアス金具（カン付き）、地巻ワイヤー♯28緑、丸カン（3mm）
仕上がりの目安：長さ約2.3cm

本書で使用した絹糸の色番号表

編み図名	（編み図名）					パーツ名	必要個数
	花Ⅰ （緑）	花Ⅱ・花Ⅲ （緑）	花Ⅱ・花Ⅲ （白）	花Ⅳ	茎		
シロツメクサ	都羽根 118		都羽根 4		都羽根 118	A	1
	オリヅル 111		オリヅル 14		オリヅル 111	B	1
	都羽根 124		タイヤー 生成		都羽根 124	C	1

編み図名	（編み図名）		パーツ名	必要個数
	茎	芯（ワイヤー 芯小）		
クローバー	タイヤー 81		b	1
	都羽根 152		d	1
	オリヅル 157		e	1
	都羽根 118		f	1

組み立て時に 使用する糸	都羽根 118

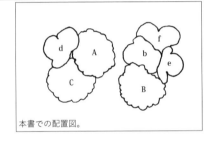

本書での配置図。

シロツメクサ（花Ⅱ）色変え有
（花Ⅳ）色変え無

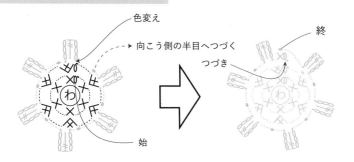

手前側の半目を拾って花びらを編む。　　　　　　　向こう側の半目を拾って花びらを編む。

4 段目…花びら（向こう側半目）｝（花Ⅱ）は
3 段目…花びら（手前側半目）｝白系の色に変える

2 段目…12 目　　　　　　　　（花Ⅱ）は
1 段目… 6 目　　　　　　　　緑系の色で編む
　　　　　　　　　　　　　　（花Ⅳ）は白系の色で編む

シロツメクサ（花Ⅲ）

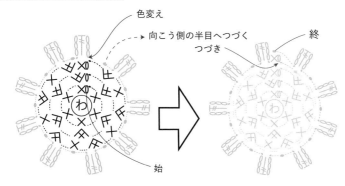

手前側の半目を拾って花びらを編む。　　　　　　向こう側の半目を拾って花びらを編む。

5 段目…花びら（向こう側半目）｝
4 段目…花びら（手前側半目）｝白系の色

3 段目…18 目　　　　　　　　｝
2 段目…12 目　　　　　　　　｝緑系の色
1 段目… 6 目

カタバミ花

・ワイヤー 6 cm（端から約 1.5cm のところで折り曲げる）。
・ワイヤー芯小（花芯で指定されている色を巻く）。
・ワイヤーの色は白。
⇒ P30「わに直接花びらや花芯を編む」参照。

カタバミ葉

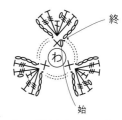

・ワイヤー 6 cm（端から約 1.5cm のところで折り曲げる）。
・ワイヤー芯小（葉と同じ色を巻く）

クローバー

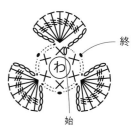

・ワイヤー 6 cm（端から約 1.5cm のところで折り曲げる）。
・ワイヤー芯小（クローバーと同じ色を巻く）

夏のリースブローチ

ジニアの耳飾りと編み図やパーツの作り方共通。

材料：
絹糸（各色1つずつ）
ブローチ金具、地巻ワイヤー♯28緑
仕上がりの目安：直径約5cm

本書で使用した絹糸の色番号表

編み図名	(編み図名) I−i (花びら)	I−ii (花びら内側)	II (花芯外側)	III (花芯中心)	ガク	パーツ名	必要個数
ジニア	オリヅル 96	オリヅル 175	オリヅル 19	都羽根 144	タイヤー 81	A	2
	オリヅル 173	オリヅル 93	タイヤー 74	タイヤー 79		B	1
	都羽根 65		都羽根 16	都羽根 74		C	1
	タイヤー 145		都羽根 146	都羽根 107		D	1
	オリヅル 177		オリヅル 19	都羽根 144		E	1
	都羽根 35		都羽根 23	タイヤー 33		F	1
	都羽根 79		都羽根 18	オリヅル 1		G	2

編み図名	(編み図名) 花	芯（ワイヤー芯小）	パーツ名	必要個数
紫陽花 ※編み図⇒P27	都羽根 118		H	3
	都羽根 124		I	3
		タイヤー 81	J	3

編み図名		パーツ名	必要個数
ジニア葉	オリヅル 113	a	4
	都羽根 95	b	3
	オリヅル 148	c	3

組み立て時に使用する糸	オリヅル 148

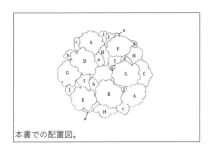

本書での配置図。

作り方のポイント

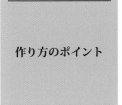

1.
ジニア（Ⅱ（花芯外側））にワイヤー芯小を通し編み終わりの糸をワイヤーに巻く。

2.
ジニア（Ⅲ（花芯中心））を縫い付ける。

3.
パーツA、Bは「Ⅰ-ⅱ」、パーツC～Gは「Ⅰ-ⅰ」を通し編み終わりの糸をワイヤーに巻く。

4.
花芯中心部の裏側に少量のボンドをつけてⅠのパーツに貼り付ける（ボンドをつけるのは中心部だけにする）。

5.
パーツA、Bは「Ⅰ-ⅰ」を通し編み終わりの糸をワイヤーに巻く。

6.
ガクをつける。

7.
ガクの編み始めの糸端をワイヤーに巻く。

8.
完成したジニアを裏側からみたところ。

リースブローチを裏側から見たところ

耳飾りを裏側から見たところ

ジニア（Ⅰ-ⅰ（花びら））

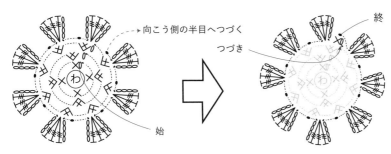

向こう側の半目へつづく

終

つづき

始

手前側の半目を拾って花びらを編む。

向こう側の半目を拾って花びらを編む。

ジニアの耳飾り

夏のリースブローチと編み図やパーツの作り方共通。

材料：
絹糸（各色1つずつ）
イヤリング・ピアス金具（カン付き）、地巻ワイヤー＃28緑、丸カン（3㎜）
仕上がりの目安：長さ約2.5cm

本書で使用した絹糸の色番号表

編み図名	（編み図名）				ガク	パーツ名	必要個数
	I－i （花びら）	I－ii （花びら内側）	II （花芯外側）	III （花芯中心）			
ジニア	オリヅル 96	オリヅル 175	オリヅル 19	都羽根 144	タイヤー 81	A	1
	オリヅル 173	オリヅル 93	タイヤー 74	タイヤー 79		B	1
	都羽根 35		都羽根 23	タイヤー 33		F	1
	都羽根 79		都羽根 18	オリヅル 1		G	1

編み図名		パーツ名	必要個数
ジニア葉	タイヤー 81	d	2
	都羽根 124	e	2

組み立て時に 使用する糸	タイヤー 81

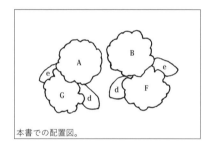

本書での配置図。

ジニア
（Ⅰ－ⅱ（花びら内側））

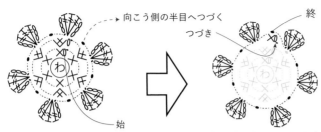

向こう側の半目へつづく
つづき
終
始

手前側の半目を拾って花びらを編む。

向こう側の半目を拾って花びらを編む。

ジニア
（Ⅱ（花芯外側））

終
始

・ワイヤー 6 cm（端から約 1.5cm のところで折り曲げる）。
・ワイヤー芯小（花芯と同じ色を巻く）。

ジニア
（Ⅲ（花芯中心））

終
始

・編み終わりの糸端は長めに切る。
・編み終わったらわの中心に針を入れて編みはじめの
　糸端を表に出す。短く切ってボンドで接着する。
・裏側が表にくるようにしてワイヤーを通した
　「ジニア（Ⅱ（花芯外側））」に縫いつける。

ジニア（ガク）

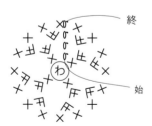

終
始

ジニア葉

「ヒメジョオン葉」と編み図共通

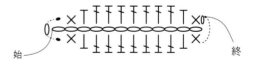

始
終

ワイヤー 6 cm（端から約 2.5cm のところで折り曲げる）。

紫陽花

⇒　編み図 P27

・ワイヤー 6 cm（端から約 1.5cm のところで折り曲げる）。
・ワイヤー芯小（花と同じ色を巻く）。

秋のリースブローチ

コスモスの耳飾りと編み図やパーツの作り方共通。

材料：

絹糸（各色1つずつ）

ブローチ金具、3㎜ラウンドビーズ、地巻ワイヤー＃28 緑、白

仕上がりの目安：直径約5㎝

本書で使用した絹糸の色番号表

本書での配置図。

編み図名	（編み図名）			パーツ名	必要個数
	花	花芯	ガク		
コスモス	オリヅル 173	タイヤー 29	都羽根 118	A	2
	オリヅル 93	タイヤー 145		B	2
	タイヤー 37	オリヅル 78	都羽根 105	C	2
	都羽根 204	都羽根 18		D	2
	都羽根 148	タイヤー 74		E	2

編み図名	（編み図名）			パーツ名	必要個数
	花	花芯（ワイヤー芯小）	ガク		
キンモクセイ ※編み図⇒P66	タイヤー 156		なし	F	3
	都羽根 178			G	3
	タイヤー 75			H	3
	オリヅル 79			I	3
	タイヤー 135			J	3
	都羽根 146			K	3

編み図名	（編み図名）		パーツ名	必要個数
	芯	ガク		
コスモスつぼみ	オリヅル 93	都羽根 118	a	1
	タイヤー 37	都羽根 105	b	1
	都羽根 204		c	1

編み図名	（編み図名）		パーツ名	必要個数
	実	茎		
ムラサキシキブ ※編み図⇒P77	都羽根 166	都羽根 143	d	6
	都羽根 129		e	6

編み図名		パーツ名	必要個数
コスモス葉	オリヅル 157	f	2
	都羽根 105	g	2
	オリヅル 155	h	2
	都羽根 107	i	2
	タイヤ― 33	j	2
	都羽根 114	k	2
組み立て時に 使用する糸	都羽根 105		

作り方のポイント

花とつぼみの作り方は P35 ～ P36 参照

1. ワイヤーを折り曲げ、曲げた部分を中心に糸を巻く。

2. 折り曲げたワイヤーに糸を巻く（端から 5 ～ 6 ㎜程度）。

3. 糸を巻いた部分にボンドをつける。

4. 葉の裏側に貼り付ける。

5. 葉とワイヤーを一緒に糸で巻く。

6. 途中まで糸を巻くと、葉が邪魔で巻けなくなるので一度葉を持ち上げてワイヤー部分にだけ糸を巻く。

7. 再び葉とワイヤーを一緒に巻く。

8. 葉が完成したところ。

リースブローチを裏側から見たところ

耳飾りを裏側から見たところ

コスモスの耳飾り

秋のリースブローチと編み図やパーツの作り方共通。

材料：
　絹糸（各色1つずつ）
　イヤリング、ピアス金具（カン付き）、3㎜ラウンドビーズ、地巻ワイヤー♯28緑、丸カン（3㎜）

仕上がりの目安：長さ約3cm

本書で使用した絹糸の色番号表

編み図名	（編み図名）			パーツ名	必要個数
	花	花芯	ガク		
コスモス	オリヅル 93	タイヤー 145	都羽根 118	B	1
	タイヤー 37	オリヅル 78	都羽根 105	C	1
	都羽根 204	都羽根 18	都羽根 105	D	1

編み図名	（編み図名）		パーツ名	必要個数
	つぼみ	ガク		
コスモスつぼみ	オリヅル 93	都羽根 118	a	1

編み図名		パーツ名	必要個数
コスモス葉	オリヅル 157	f	2
	都羽根 114	k	2

組み立て時に 使用する糸	都羽根 105

本書での配置図。

コスモス（花）

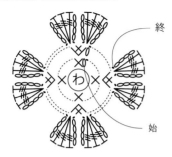

終

始

・ワイヤー6cm（端から約1.5cmのところで折り曲げる）。
・ワイヤー芯小（花と同じ色を巻く）。

コスモス（花芯）

終

始

・編み終わりの糸端は長めに切る
・編み終わったらわの中心にかぎを入れて
　編み始めの糸端を表に出し、短く切って
　ボンドで接着する。
・裏側が表になるようにして花に縫いつける。

コスモスつぼみ（芯）　⇒　編み図P28

・ワイヤー6cm
・3mmラウンドビーズを通して編みくるむ。
「ミモザ」と編み図共通

ビーズ

ワイヤー

コスモス（ガク）
コスモスつぼみ
　　（ガク）

終

始

キンモクセイ（花）　⇒　編み図P66

・ワイヤー6cm（端から約1.5cmのところで折り曲げる）。
・ワイヤー芯小（花と同じ色を巻く）。
・ワイヤーは白

ムラサキシキブ　⇒　編み図P77

・ワイヤー6cm（端から約1.5cmのところで折り曲げる）。
・ワイヤー芯大（ムラサキシキブと同じ色）を編みくるむ。

コスモス葉

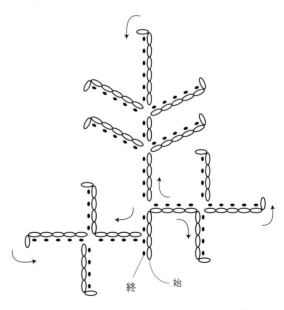

終　　始

ワイヤー6cm（端から約2cmのところで折り曲げる）。

冬のリースブローチ

クリスマスローズの耳飾りと編み図やパーツの作り方共通。

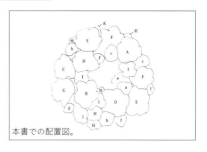

材料：

絹糸（各色1つずつ）

ブローチ金具、3mmラウンドビーズ、地巻ワイヤー♯28緑、白

仕上がりの目安：直径約5cm

本書で使用した絹糸の色番号表

編み図名	（編み図名）				パーツ名	必要個数
	花3段目まで（中心部）	花4段目以降（花びら）	花芯I	ガク（大）		
クリスマスローズ	都羽根124	都羽根17	都羽根218	タイヤー31	A	1
クリスマスローズ（一重）	都羽根118	タイヤー42	オリヅル17	都羽根30	B	1
クリスマスローズ	都羽根151	都羽根4	オリヅル196	都羽根152	C	1

編み図名	（編み図名）			パーツ名	必要個数
	花（中心部も花びらも同じ色）	花芯II	ガク（大）		
クリスマスローズ（一重）	都羽根205	オリヅル79	都羽根152	D	2
クリスマスローズ	都羽根167	都羽根218	タイヤー31	E	2
クリスマスローズ（一重）	都羽根148	都羽根115	タイヤー31	F	2
クリスマスローズ	都羽根26	都羽根178	都羽根30	G	1

本書での配置図。

編み図名	（編み図名）				パーツ名	必要個数
	花（中心部分）	花（花びら部分）	花芯（ワイヤー芯小）	ガク		
スイートアリッサム ※編み図⇒P53	都羽根9	タイヤー生成	オリヅル17	都羽根9	H	5
	都羽根118	都羽根15	都羽根17	都羽根118	I	5

編み図名	（編み図名）			パーツ名	必要個数
	芯	花びら	ガク（小）		
クリスマスローズ つぼみ	都羽根17		タイヤー31	a	1
	都羽根148		タイヤー31	b	2
	都羽根26		都羽根30	c	2

編み図名		パーツ名	必要個数
クリスマスローズ 葉大	タイヤー118	d	1
	タイヤー69	e	1
クリスマスローズ 葉小	タイヤー118	f	2
	タイヤー69	g	1

組み立て時に 使用する糸	タイヤー69

作り方のポイント （クリスマスローズ）

1.
花芯Ⅰ、Ⅱにそれぞれワイヤー芯小を通す。

2.
花パーツを通す。

3.
ガクを通す（ガクの表側が花パーツ側にくるように通す）。

4.
ガクの表側にボンドをつけて花と接着する。

5.
つぼみは3㎜ラウンドビーズを編みくるんだ芯に、つぼみ（花びら）を通してボンドで貼り付けておく。

6.
ガクを通して、ガクの表側にボンドをつけてつぼみと接着する。

7.
花とつぼみを組み立てたところ。

8.
花とつぼみを裏側からみたところ。

作り方のポイント （スイートアリッサム）

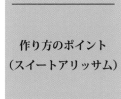

1.
花に「ワイヤー芯小」を通す。

2.
ガクを付ける。

リースブローチを裏側から見たところ

耳飾りを裏側から見たところ

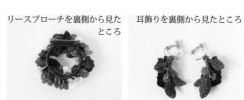

クリスマスローズの耳飾り

冬のリースブローチと編み図やパーツの作り方共通。

材料：
　絹糸（各色１つずつ）
　イヤリング、ピアス金具（カン付き）、３㎜ラウンドビーズ、地巻ワイヤー♯28緑、白、丸カン（３㎜）
仕上がりの目安：長さ約2.8cm

本書で使用した絹糸の色番号表

編み図名	（編み図名）			パーツ名	必要個数
	花（中心部も花びらも同じ色）	花芯Ⅱ	ガク（大）		
クリスマスローズ	都羽根 205	オリヅル 79	都羽根 152	J	2

編み図名	（編み図名）			パーツ名	必要個数
	芯	花びら	ガク（小）		
クリスマスローズ つぼみ	都羽根 26		都羽根 30	c	2

編み図名		パーツ名	必要個数
クリスマスローズ 葉大	タイヤー 31	f	2
クリスマスローズ 葉小	オリヅル 155	g	4

組み立て時に 使用する糸	タイヤー 31

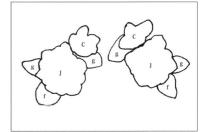

本書での配置図。

クリスマスローズ（花）

パーツ A、C、E、G、J
・ A、C は色変えあり
・ E、G、J は色変えなし

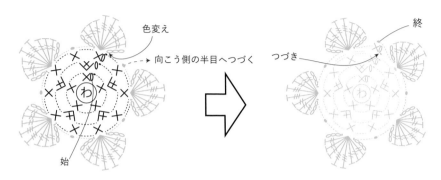

色変え

向こう側の半目へつづく

つづき

終

始

手前側の半目を拾って花びらを編む。

向こう側の半目を拾って花びらを編む。

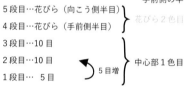

5段目…花びら（向こう側半目）
4段目…花びら（手前側半目）
3段目…10目
2段目…10目
1段目… 5目
5目増
花びら2色目
中心部1色目

クリスマスローズ（花）
一重

パーツ B、D、F
・ B は色変えあり
・ D、F は色変えなし

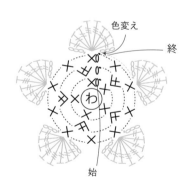

色変え

終

始

4段目…花びら2色目
3段目…10目
2段目…10目
1段目… 5目
5目増
中心部1色目

クリスマスローズ
つぼみ（芯）

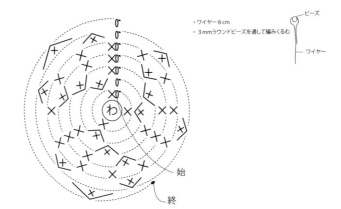

・ワイヤー6cm
・3mmラウンドビーズを通して編みくるむ

7段目… 4目		
6段目… 6目	2目減	
5段目…12目	6目減	
4段目…12目		
3段目… 9目	3目増	
2段目… 6目	3目増	
1段目… 3目	3目増	

クリスマスローズ
つぼみ（花びら）

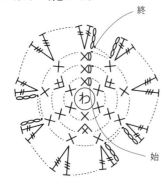

・編み終わったらわの中心に針を入れて編み
　はじめの糸を引き出しておく。

クリスマスローズ（花芯Ⅰ）
クリスマスローズ（花芯Ⅰ）
一重

※パーツA、B、Cの花芯

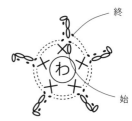

・ワイヤー6cm（端から約1.5cmのところで折り曲げる）。
・ワイヤー芯小（花芯と同じ色を巻く）。
・ワイヤーは白

クリスマスローズ（花芯Ⅱ）
クリスマスローズ（花芯Ⅱ）
一重

・ワイヤー6cm（端から約1.5cmのところで折り曲げる）。
・ワイヤー芯小（花芯と同じ色を巻く）。
・ワイヤーは白

※パーツD、E、F、G、Jの花芯

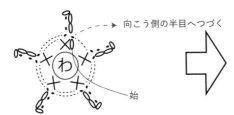

→ 向こう側の半目へつづく

手前側の半目を拾って花びらを編む。

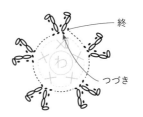

向こう側の半目を拾って花びらを編む。

クリスマスローズ（ガク大）

クリスマスローズ一重（ガク大）

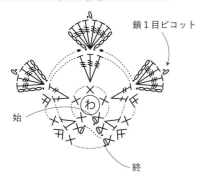

鎖1目ピコット

クリスマスローズ つぼみ（ガク小）

クリスマスローズ葉大

ワイヤー9cm（端から約3cmのところで折り曲げる）。

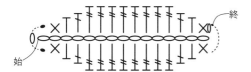

クリスマスローズ葉小

ワイヤー6cm（端から約2cmのところで折り曲げる）。

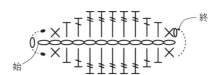

スイートアリッサム（ガク）

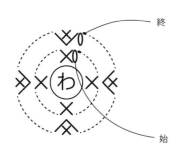

スイートアリッサム（花）　⇒　編み図P53

・ワイヤー6cm（端から約1.5cmのところで折り曲げる）。
・ワイヤー芯小（花芯で指定されている色を巻く）。
・ワイヤーは白

土台を使った作品の型紙

- 型紙は全て原寸大
- フェルトパーツは、アイロンでハード接着芯をフェルトに貼り付けたものを使用する。

紫陽花

綿布パーツ、フェルトパーツを型紙に合わせて
1枚ずつカットする。

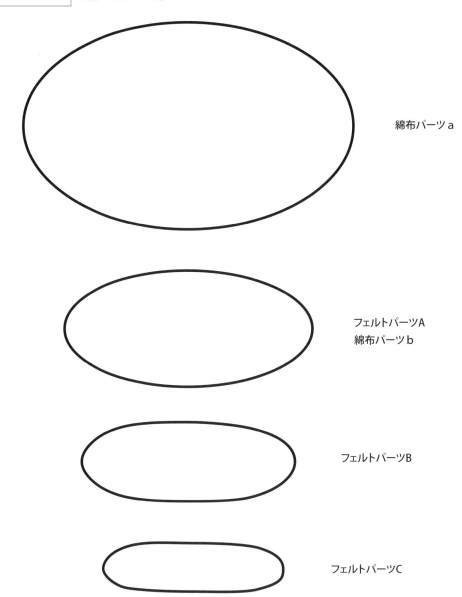

綿布パーツ a

フェルトパーツA
綿布パーツ b

フェルトパーツB

フェルトパーツC

ランタナ

綿布パーツ、フェルトパーツを型紙に合わせて
2枚ずつカットする。

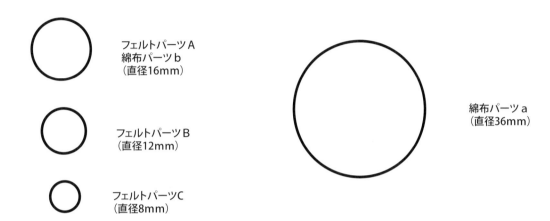

フェルトパーツA
綿布パーツb
（直径16mm）

フェルトパーツB
（直径12mm）

フェルトパーツC
（直径8mm）

綿布パーツa
（直径36mm）

スイートアリッサム

綿布パーツ、フェルトパーツを型紙に合わせて
2枚ずつカットする。

フェルトパーツA

綿布パーツb

フェルトパーツB

綿布パーツa

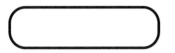 ヒマワリ・椿 綿布パーツ、フェルトパーツを型紙に合わせて
1枚ずつカットする。

フェルトパーツ A
綿布パーツ b

綿布パーツ a

月見草 綿布パーツ、フェルトパーツを型紙に合わせて
1枚ずつカットする。

フェルトパーツ A

綿布パーツ b

綿布パーツ a

フェルトパーツ B

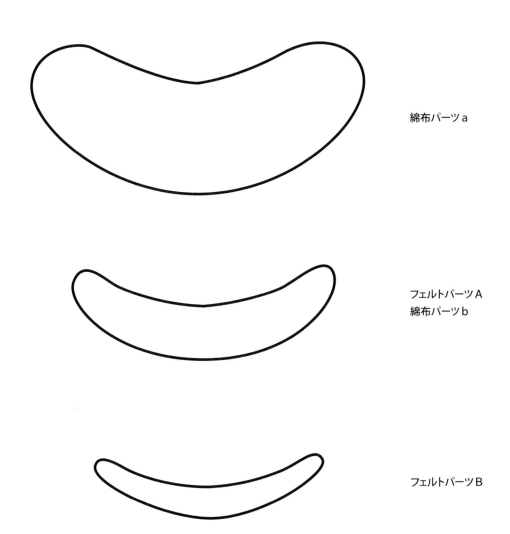

パンジー

綿布パーツ、フェルトパーツを型紙に合わせて
1枚ずつカットする。

綿布パーツ a

フェルトパーツ A
綿布パーツ b

フェルトパーツ B

おわりに

私が編み物を始めたのは、生まれてくる娘のためにと編んだベビーニット
がきっかけ。編み物の本を何度も見ながら、太い糸を使って少しずつ編
み方を覚えました。その後、徐々に糸の種類を細いものに変えていきま
した。

初めて絹糸を編んだ時は、糸が細すぎて全く上手く編めませんでした。
しばらくしてから再挑戦するも、やはり思うように編めずに挫折。3度目
の挑戦で、ようやく少しずつ糸と針の扱いに慣れ、毎日毎日練習を重ね
ていくうちに本書のような作品が作れるようになりました。

今のようになるまでには長い時間がかかりましたが、その間もずっと編む
ことが大好きで、編むことそのものを楽しんでいました。

本書を手にしてくださった皆様も、ぜひのんびりとじっくりと、ご自分の
ペースで編む楽しさを味わって頂けたら嬉しいです。

そして、細い絹糸が、編むことによってどんどん形になっていく喜びや、
編み上がった草花の繊細で美しい姿を楽しんで頂けたら幸せです。

2023年2月吉日　　　　アンデルヨン

アンデルヨン
anderuyon

岩手県出身。
大学で染織を学び、卒業後数年間は染色作品を中心に制作活動を行う。
その後編み物と出会い徐々に今のスタイルとなる。
広島県を拠点に作家活動を行いながら、書籍などへの作品提供も行なっている。
携わった本に、『金票で編むちいさなレース編み』（ブティック社／発行）、
『刺しゅう糸とかぎ針で編む 12 か月の花のリース』
（アップルミンツ／発行、日本ヴォーグ社／発売）がある。

Twitter　　@anderuyon
Instagram　@anderuyon_

絹の糸とかぎ針で編む
四季の草花アクセサリー

2023年3月15日　第1刷発行
2024年8月16日　第6刷発行

著者　　　アンデルヨン
デザイン　徳吉 彩乃（COVER, P3-P21,P104）
撮影　　　猪俣 淳
ヘアメイク　藤田 順子
編み図作成　株式会社ウエイド（WADE LTD.）
DTP　　　オブジェクトラボ（P22-P103）
編集　　　松本 貴子（産業編集センター）

発行　　　株式会社産業編集センター
　　　　　〒112-0011 東京都文京区千石4丁目39番17号
　　　　　TEL 03-5395-6133　FAX 03-5395-5320
印刷・製本　萩原印刷株式会社

©2023 anderuyon Printed in Japan
ISBN978-4-86311-358-9　C5077